승리가

보장된

싸움

Metropolitan Tabernacle Pulpit.

UNCONDITIONAL SURRENDER.

A Sermon

DELIVERED ON LORD'S-DAY MORNING, JANUARY 30TH, 1876, BY

C. H. SPURGEON,

AT THE METROPOLITAN TABERNACLE, NEWINGTON.

"Submit yourselves therefore to God."—James iv. 7.

THIS advice should not need much pressing. "Submit yourselves unto God"—is it not right upon the very face of it? Is it not wise? Does not conscience tell us that we ought to submit? Does not reason bear witness that it must be best to do so? "Submit yourselves unto God." Should not the creature be submissive to the Creator, to whom it owes its existence, without whom it had never been, and without whose continuous good pleasure it would at once cease to be? Our Creator is infinitely good, and his will is love: to submit to one who is "too wise to err, too good to be unkind," should not be hard. If he were a tyrant it might be courageous to resist, but since he is Father it is ungrateful to rebel. He cannot do anything which is perfectly just, nor will he do aught which is inconsistent with the best interests of our race; and, like the untamed bullock, to kick against own advantage, and, therefore to resist him is to contend against our pricks to our own hurt. "Submit yourselves unto God"—what the best angels do, what kings and prophets have done, nor sorrow yield; delight in—there is therefore no dishonour in willing submissive to his laws; suns and stars yield willing obedience to his will. All nature is submissive to his laws; we shall but be in harmony with the universe in yielding to his sway. "Submit yourselves unto God"—you must stand or be willing to do so or not. Who can stand against you are willing? For puny man to oppose the Lord is folly Almighty? For puny man with the wind, or for the tow to battle in battle array of the hosts of heaven as well itself in the flame. As well might man attempt to turn back check the march of the Eternal God is irresistible; the omnipotent. The government must soon end in total Isaiah the Lord challenges his and thorns against hi

Spiritual Warfare

by Charles Haddon Spurgeon

이 책은 한글성경 번역본으로 〈개역개정〉 성경을 사용했습니다.
본서에 대한 번역, 출판 및 판매 등 모든 권한은 터치북스에 있습니다.
출판사의 서면 허락 없이는 이 책의 내용을 일부라도 인용, 촬영, 녹음,
재편집하거나 전자문서 등으로 변환할 수 없습니다.

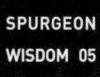

승리가 보장된 싸움

영적 전쟁에서 승리하는
7가지 원리

찰스 스펄전

터치북스

한국어판 편집자의 글

주님의 승리가 나의 승리입니다

전쟁 영화에서는 하나같이 참혹한 장면이 등장합니다. 영웅적인 주인공의 활약에 초점을 맞추거나, 전쟁터에서 피어나는 우정을 다룬 영화들도 마찬가지입니다. 누군가는 비참한 죽음을 맞이하기 때문입니다. 영화로도 이 정도인데 실제 전쟁에서는 얼마나 끔찍한 일이 벌어질까요? 직업 경험해 보지 않고서는 상상도 할 수 없을 것입니다.

전쟁의 피해는 막심합니다. 진 쪽이야 당연하겠지만, 이긴 쪽도 마냥 좋기만 한 것은 아닙니다. 전쟁과정에서 많은 것을 잃게 되며, 무엇보다 소중한 목숨이 희생됩니다. 살아남은 사람들도 '외상 후 스트레스 장애' 등의 후유증에 시달리는 경우가 많습니다. 그래서 《손자병법》의 저자 손무는 싸우지 않고 이기는 것이 최고의 병법이라고 말하기도 했습니다.

전쟁을 좋아하는 사람은 없습니다. 더구나 병사로 참전하여 적과 직접 싸워야 한다면 더더욱 그렇습니다. 곳곳에 포탄이 떨어지고, 총알이 비 오듯 쏟아지는 전쟁터 한가운데 서면 누구나 이성을 잃고 두려움에 떨 것입니다. 그런데 하나님은 이처럼 끔찍한 전쟁터로 우리를 부르고 계십니다. 게다가 상대는 엄청나게 거대해서 손가락 하나조차 꺾을 수 없어 보이는 사탄입니다. 우리가 평안하게 지내도록 내버려 두시면 좋을 텐데, 어째서 하나님은 우리에게 전쟁을 명하셨을까요?

이 질문에 대해서는 그 누구도 명쾌하게 대답할 수 없을 것입니다. 피조물인 우리가 하나님의 깊은 뜻을 다 헤아릴 수는 없기 때문입니다. 다만 한 가지는 분명합니다. 우리를 무너뜨리기 위해 공격하려는 세력, 즉 사탄이 분명히 존재하며, 우리가 가진 소중한 것들을 빼앗기지 않기 위해서는 우리 역시 가만히 앉아 있을 수 없다는 것입니다. 사탄은 의심의 불화살을 쏘며, 그리스도 안에서 구원받았다는 우리의 확신을 흔들어 대고 있습니다. 또한 그리스도의 의와 거룩함으로 우리를 덮어 주신 하나님에 대해서도 의심의 싹을 심어 주려고 합니다. 따라서 그리스도인들과 교회는 사탄에 맞서 싸워야 합니다. 후안 카를로스 오르티즈 목사는 이렇게 말했습니다. "오늘날의 교회는 유람선이 아니라 군함이다."

그런데 우리가 치러야 할 전쟁은 세상의 전쟁과 전혀 다릅니다. 세상의 전쟁은 '잘 싸워야' 이깁니다. 하지만 영적 전쟁은 '참전하는 것'만으로 승리가 보장되어 있습니다. 즉, 싸우기만 하면 이깁니다. 영적 전쟁에서 패하는 이유는

'못 싸워서'가 아니라 안 싸우고 피했기 때문입니다.

　영적 전쟁의 또 다른 특징은 내 힘으로 싸우는 것이 아니라는 점입니다. 이 사실은 우리에게 큰 위로를 주고 있습니다. 이 싸움은 혈과 육으로 하는 것이 아닙니다. 우리는 오직 주님이 주신 무기와 주님의 능력으로 싸워야 합니다. 우리의 대장 되신 주님은 이미 이 싸움에서 승리하셨으며, 그분의 강력한 무기를 우리에게 고스란히 전해 주셨습니다. 우리가 주님의 능력으로 강건해 질수록 상대방은 점점 더 초라해지며, 우리는 싱거울 정도로 쉽게 승리할 수 있습니다. 싸움이 끝난 뒤 후유증 따위로 고통받지도 않습니다. 오직 주님 안에서 승리의 감격을 누릴 뿐입니다.
　이 책은 전사로서의 정체성을 잃어 가고 있는 그리스도인들을 위해 준비되었습니다. 모든 그리스도인들이 하나님의 용맹한 전사로 우뚝 서서 거룩한 승리에 동참하기를 소망합니다.

1장 '사탄의 정체: 울부짖는 사자'에서는 사탄의 실체와 그의 활동 방법, 그리고 그가 얻고자 하는 궁극적인 목적이 무엇인지 정확하게 분석하고 있습니다. 사탄은 우는 사자처럼 삼킬 자를 찾아다니며 하나님의 형상으로 창조된 우리를 공격합니다. 스펄전은 우리를 넘어뜨리려는 사탄의 활동과 유혹의 방법을 조목조목 설명하며, "믿음을 굳건하게 하여 그를 대적하라!"는 주님의 말씀을 상기시키고 있습니다.

2장 '사탄의 화살과 하나님의 화살'에서는 사탄의 화살과 하나님의 화살을 비교하고, 특별히 하나님의 화살에 상처를 입은 사람들에게 위로의 메시지를 전하고 있습니다. 사탄의 화살은 우리 안에 거짓을 불러일으키며, 이미 늦었다는 말로 모든 것을 포기하게 만듭니다. 하지만 하나님의 화살은 진리가 무엇인지 깨닫게 하며 우리에게 진정한 평안을 가져다줍니다.

3장 '사탄의 계략에 맞서는 방법'에서는 사탄이 얼마나 악한 존재인지, 우리를 어떻게 공격하는지 속속들이 파헤치고 있습니다. 사탄은 하나님이 만드신 피조물 중에서 가장 교활한 존재입니다. 그는 우리의 약점을 기가 막히게 찾아내며, 때로는 성경 말씀으로 우리를 공격하기도 합니다. 스펄전은 진정한 지혜인 말씀을 취하고, 오직 그리스도만 바라보며 이에 대항하라고 권면합니다. 무엇보다 사탄은 결코 승리할 수 없다는 사실을 강조함으로써 우리에게 용기를 주고 있습니다.

4장 '영적 순례자들과 전사들을 위한 신발'에서는 복음의 신발에 대해 자세히 탐구합니다. 그리스도인들은 하나님의 명령에 따라 행동하는 사람입니다. 우리가 앞으로 나아가려면 신발이 필요한데, 주님은 이미 우리가 신을 신발을 예비해 두셨습니다. 바로 '평안의 복음'입니다. 이 신발은 주님이 보여 주신 길로 갈 때 우리의 발을 안전하게 지켜 줄 것이며, 적과 싸울 때도 효과적인 무기가 되어 줄 것입니다.

5장 '믿음의 방패'에서는 특별히 영적 전쟁을 하기 위해 꼭 갖추어야 할 믿음에 대하여 자세히 알아봅니다. 믿음은 언제 어디에서 날아올지 모르는 적의 공격을 효과적으로 막아 주는 방패에 비유되고 있습니다. 방패를 가졌다는 것은 전쟁터에 나가겠다는 뜻이며, 승리를 위하여 적의 공격을 감수하겠다는 뜻입니다. 스펄전은 이러한 믿음의 방패를 취하라고 권면하면서, 그리스도인들에게 전사로서의 정체성을 일깨우고 있습니다.

6장 '성령의 검'에서는 전신 갑주 중에서 유일한 공격용 무기인 검에 대해 살펴보고 있습니다. 우리가 성령의 검을 취해야 하는 이유는, 영적 전쟁에서 방어만 하는 것이 아니라 공격도 해야하기 때문입니다. 성령의 검은 성령이 직접 만드시고 사용하시는 검입니다. 또한 그분은 우리가 이 검을 효과적으로 사용할 수 있도록 가르쳐 주십니다.

7장 '그리스도, 사탄의 정복자'에서는 여자의 후손과 뱀의 후손에 대해 설명하면서 최후의 승리자이신 그리스도에 대해 역설하고 있습니다. 사탄은 뱀의 모습으로 나타나 하와가 죄를 짓도록 유혹했습니다. 그 결과 인류는 에덴동산에서 쫓겨났습니다. 하지만 하나님은 '여자의 후손'을 예비하셨고, 여자의 후손이신 예수 그리스도는 뱀의 머리를 짓밟아 버리셨습니다. 그렇기에 우리는 두려움 없이 그를 대적할 수 있습니다. 이미 오래전에 끝난 싸움이며, 우리에게는 승리가 보장되어 있기 때문입니다.

> 그러므로 하나님의 전신갑주를 취하라 이는 악한 날에 너희가 능히 대적하고 모든 일을 행한 후에 서기 위함이라 그런즉 서서 진리로 너희 허리띠를 띠고 의의 호심경을 붙이고 평안의 복음이 준비한 것으로 신을 신고 모든 것 위에 믿음의 방패를 가지고 이로써 능히 악한 자의 모든 불화살을 소멸하고

구원의 투구와 성령의 검 곧 하나님의 말씀을 가지라 에베소서 6:13-17.

Charles Spurgeon

차례

한국어판 편집자의 글 · 4

| Chapter 1 | 사탄의 정체 : 울부짖는 사자 · 16

| Chapter 2 | 사탄의 화살과 하나님의 화살 · 50

| Chapter 3 | 사탄의 계획에 맞서는 방법 · 74

| Chapter 4 | 영적 순례자들과 전사들을 위한 신발 · 98

| Chapter 5 | 믿음의 방패 · 128

| Chapter 6 | 성령의 검 · 166

| Chapter 7 | 그리스도, 사탄의 정복자 · 204

Chapter. 1

사탄의 정체:
울부짖는 사자

근신하라 깨어라 너희 대적 마귀가 우는 사자같이

두루 다니며 삼킬 자를 찾나니

너희는 믿음을 굳건하게 하여 그를 대적하라

이는 세상에 있는 너희 형제들도 동일한 고난을 당하는 줄을 앎이라

_베드로전서 5:8-9

 사탄은 성경에서 마귀, 바알세불, 귀신의 왕, 미혹하는 영 등 여러 가지 이름으로 불린다. 모두 사탄이 가지고 있는 악한 특성을 묘사한 단어이다. 사탄은 한때 하나님의 천사들 중 하나였으며, 용감한 천사들 중에서도 우두머리였던 것으로 보인다. 그는 빛의 아들들 중에 으뜸이요, 갑절로 빛나는 광채 속에 있었다. 그러나 그는 하나님을 거역했다.
 이제 하늘에서 가장 밝게 빛나는 계명성 중에 하나가 어둠 속으로 사라졌으며, 이 악한 영은 자신이 이전에 누렸던 행복과 영광을 다시는 누릴 수 없게 되었다. 이에 절망한 그는 천국의 하나님을 영원히 대적하기로 마음먹는다.

그래서 사탄은 창조주 하나님이 만드신 피조물을 공격하기 시작했다. 에덴동산은 천국과 다름없는 곳이었다. 그러나 모든 것을 파괴하는 속성을 지닌 죄가 에덴동산으로 흘러 들어 왔고 이것을 부추긴 자가 바로 사탄이었다. 그는 창조 세계를 오염시키려는 의도로 아담과 하와에게 접근해 영광의 보좌에서 끌어내리고 타락의 구렁텅이로 밀어 넣었다. 뱀의 형상을 하고 그들 앞에 나타나 죄를 범하도록 부추긴 것이다. 결국 아담과 하와의 죄 때문에 인류는 아름다웠던 에덴동산을 떠나 가시와 엉겅퀴를 내는 땅으로 쫓겨났다. 그리고 그날 이후 사람들은 땀 흘려 일해야만 먹을 것을 얻을 수 있게 되었다.

사탄은 여기에서 멈추지 않았다. 하나님의 형상으로 만들어진 사람들에게 찾아가 두 번째 공격을 가하기 시작한 것이다. 사람들은 그의 속임수에 쉽게 넘어갔고, 두 번째 공격에 성공한 사탄은 이제 자신이 가진 수단, 술수, 계략 등 모든 악덕을 이용해 사람들을 공격하기 시작했다.

사탄의 관심사는 오직 우리 인간들을 파멸시키는 데 있다. 또한 사탄의 공격 대상에는 예외가 없다. 주님을 믿지 않는 사람은 물론이고, 신실한 그리스도인도 그의 공격 대상이 되며, 심지어 그는 하나님의 일을 하는 사역자들에게도 다가가 끊임없이 자신의 말에 따르도록 유혹한다.

사탄의 실재

사탄의 정체를 알게 되었다면 이제 우리는 그 대적자를 직시해야 한다. 비록 우리가 그의 얼굴을 보거나 형태를 감지할 수는 없지만, 그는 항상 우리를 적대시하고 있다. 사탄의 이야기는 신화도, 미신도, 상상도, 꿈도 아니다. 사탄은 우리 눈에 보이지는 않지만 실재하는 존재이다. 또한 우리가 다른 사람에게 영향력을 행사하는 것처럼 사탄 역시 우리에게 영향력을 미칠 수 있다. 그 영향력이란 때로는 우리에게 치명적일 수 있다. 그러므로 우리는 항상 그의 접근을 경계해야 한다. 다시 한 번 말하지만, 사탄은 밤의 환상도 아니며, 우리의 생각 속에 있는 환영도 아니다. 환상도 환영도 아닌 그 사악한 존재는 지금도 우리 곁을 떠돌며 우리가 죄를 짓도록 달콤한 말로 부추긴다.

나는 이토록 치명적인 대적자에게 패배했던 경건한 사람들을 생각할 때면 애통함이 밀려온다. 그리스도인들은 겸손의 골짜기에서 사탄(아볼론)과 맞서 싸워야 한다. 사탄은 머지않아 자신에게 다가올 끔찍한 현실을 마주하게 될 것이며, 그때까지 우리는 다음의 말씀을 가슴에 새기고 어둠의 전사들과 맞서 싸워야 한다. "너희는 믿음을 굳건하게 하여 그를 대적하라"벧전 5:9.

나는 이제부터 사탄의 네 가지 속성에 대해 이야기할 것이다. 첫째는 사탄의 끊임없는 활동에 관한 것이고, 둘째는 사탄의 끔찍한 울부짖음과 관련된 내용이다. 셋째는 하나님의 백성을 삼키려고 쫓아다니는 그의 궁극적인 목적에 관해 이야기할 것이며, 마지막으로는 어떻게 우리가 그를 정복할 수 있는지에 대해 알아볼 것이다.

사탄의 끊임없는 활동

오직 하나님만이 편재, 즉 같은 시간에 모든 장소에 존재하실 수 있다. 사탄은 제한된 시간에 제한된 장소에서만 머물 수 있다. 그래서 사탄은 사람들의 마음을 빼앗기 위해 이곳저곳을 다닌다. 그는 여기서 나를 유혹하다가도 금세 지구 반대편으로 가서 다른 사람에게 말을 건다. 그는 신속하게 바다를 건너기도 하고, 대륙을 지나기도 한다. 우리는 그가 무엇을 타고 다니는지 알 수 없다. 다만 언제 어디서나 그의 속삭임을 느낀다는 점에서 그가 무척 빠른 속도로 이동한다는 사실을 알 수 있다.

사탄은 타락한 영의 무리를 데리고 다닌다. 거대한 뱀과 같은 사탄은 자신의 꼬리로 사람들을 타락하게 만든 뒤, 언제든지 자신의 명령에 복종하도록 만들었다. 그래서 그들은 언제든 사탄의 지시에 굴복할 준비가 되어 있다

사탄이 얼마나 활동적이며 사악한 존재인지에 대해 잠시 생각해 보자. 우리가 잘 아는 대로 사탄은 어디에서나 발견된다. 물건을 사고파는 상점에서는 물론이며, 평화로운 우리 가정에 나타나 한 줌의 악한 씨앗으로 가족 간의 불화를 부추긴다. 또 우리는 은둔자가 거하는 동굴 속에서 그가 다녀간 발자국을 볼 수 있으며, 가장 거룩한 장소인 하나님의 성전 안에 들어와 떡하니 앉아 있는 그의 모습을 볼 수 있다. 당신이 전쟁 중인 나라에 가게 된다면, 전쟁터 한가운데에 서 있는 그의 모습을 보게 될 것이며, 독재자가 다스리는 나라에 가보면 독재자의 심장에 박힌 사탄을 보게 될 것이다. 그리고 그와 동시에 독재자를 적대시하는 사람들에게서도 사탄의 모습이 보일 것이다.

여기서 끝이 아니다. 그는 한 번도 선교사의 발길이 닿지

않았던 오지와 정글에 침투하여 선교사들보다 앞서 원주민들을 교육하고 있을 것이다. 이 외에도 예수님의 사랑과 손길이 필요한 어느 곳에서든 사탄이 먼저 가서 주권을 가지고 서 있는 모습을 보게 될 것이다. 이처럼 생명의 호흡이 있는 곳이라면 사탄이 내뿜는 독한 유혹의 안개가 도사리고 있다.

광야에 거하는 자들은 사탄이 왕인 줄 알고 그에게 절할 것이며, 스바와 시바의 왕들은 사탄에게 조공을 바칠 것이다. 섬에 거하는 자들시 72:10 역시 사탄이 자신들의 왕이라 여겨 그에게 복종할 것이다. 우리는 어디를 가든지 사탄이 우리를 따라다니며, 어느 곳에서든 그를 마주할 수밖에 없다는 사실을 기억해야 한다.

당신은 매일 신실하게 하나님을 섬기고자 하지만 사탄은 온갖 감언이설과 폭력적인 생각들로 당신의 그런 결심들을 무너뜨리고 만다. 당신이 만약 오늘 하루 직장에서 사탄의 유혹에 넘어가 하나님을 올바로 섬기지 못했다면 마음이 상한 채로 집에 돌아왔을 것이다. 집에서 가족들과 빙 둘러앉아 하나님을 찬양하며 그분의 은혜가 충만하게 임했을 때, 바로 그 순간에도 사탄은 당신의 마음을 사로잡기 위해 발버둥치고 있을 것이다. 만약 그 순간 당신이 사탄과의 싸움에서 지게 된다면, 이내 그는 당신을 보며 입가에 조소를 머금을 것이다. 사탄은 당신이 잠 못 들어 뒤척이는 찰나의 순간도 놓치지 않는다. 아침에 일어나 골방에 들어가서 묵상을 하고 기도를 하는 순간에도 사탄은 어느새 당신의 옆에 앉아 당신의 마음을 사로잡을 기회만 호시탐탐 노리고 있을 것이다. 그러나 우리는 지옥의 마귀들에게 쉽게 무너져서는 안 된다. 반드시 그들과 싸워 이겨야 한다!

사탄은 우리 삶의 많은 영역에서 영향력을 발휘하고 있다. 그러나 모든 죄의 원인을 사탄의 탓으로 돌려서는 안 된다. 실제로 죄를 범하는 것은 우리 자신이기 때문이다. 버려진 땅에서 온갖 잡초와 엉겅퀴들이 저절로 자라나듯이, 죄는 씨앗을 뿌리지 않아도 우리 마음속에서 저절로 자라난다. 하지만 사탄은 우리가 죄를 짓도록 부추기려고 우리 삶에 접근해 오기 때문에 우리는 이를 알아채고 그가 가까이 오지 못하도록 막아야 한다. 이집트와 바벨론의 오래된 벽돌 중에는 개의 발자국이 선명하게 새겨진 것이 있다. 처음 벽돌을 만들 때 돌이 굳기 전에 개가 그 위를 지나갔기 때문이다. 그런 벽돌은 수천 년이 지난 오늘날까지도 개의 발자국이 선명하게 남아 있다. 그리고 이런 일은 우리 삶에서도 자주 일어난다. 마르지 않은 벽돌처럼 우리의 영혼이 공격당하기 쉬운 상태에 있을 때, 사탄이 우리를 찾아와 마음을 흩뜨려 놓는다. 그리고 그는 우리가 이루어 놓은 업적에 발자국을 남길 것이다.

시간이 지난 후에 우리의 과거를 돌아보면, 그 당시에는 볼 수 없었던 것들을 보게 된다. 그때 우리는 최선을 다해 이루어 낸 업적에 사탄의 발자국이 남아 있음을 보게 될 것이다. 나 역시 내가 가는 모든 곳에 따라와서 나의 사역을 방해하는 사탄의 움직임을 느낄 때가 많다. 그럴 때마다 나는 다윗이 하나님께 드린 기도문을 떠올린다.

내가 주의 영을 떠나 어디로 가며 주의 앞에서 어디로 피하리이까 내가 하늘에 올라갈지라도 거기 계시며 스올에 내 자리를 펼지라도 거기 계시니이다 내가 새벽 날개를 치며 바다 끝에 가서 거주할지라도 거기서도 주의 손이 나를 인도하시며 주의 오른손이 나를 붙드시리이다 내가 혹시 말하기를 흑암이 반드시 나를 덮고 나를 두른 빛은 밤이 되리라 할지라도 주에게서는 흑암이 숨기지 못하며 밤이 낮과 같이 비추이나니 주에게는 흑암과 빛이 같음이니이다 시편 139:7-12.

나는 천국의 소망을 품고 모든 영광을 하나님께로 돌린다.

천국에는 사탄이 없을 것이며, 또한 사탄의 울부짖음이 천국까지 미치지 못하기 때문에, 그곳에서는 나의 영이 하나님 안에서 평안을 누릴 것이다!

우리는 사탄의 정체와 실재뿐만 아니라 사탄이 우리 삶의 모든 영역에 독을 풀 준비를 하고 있다는 것을 알아야 한다. 우리가 병에 걸려 육체적으로 약해져 있거나, 우리의 영이 쇠약해져 침체되려고 할 때, 비겁자 사탄은 그 순간을 놓치지 않고 우리를 공격한다. 내 경험에 의하면, 사탄은 그 어느 때보다 우리가 지치고 약해진 상태에 있을 때 우리를 공격하기 시작한다. 누군가는 "내가 건강할 때 사탄이 공격해 온다면, 나는 그 즉시 그를 막아내고 그와의 싸움에서 이길 수 있어!"라고 말할지도 모르겠다. 그러나 안타깝게도 사탄은 우리가 강할 때보다 슬프고 힘겹고, 약해져 있을 때 찾아오며, 그 순간을 놓치지 않기 위해 그는 늘 우리를 예의 주시하고 있다. 그리고 우리가 약해지는 순간, 그는 우리의 마음을 향해 불화살을 마구 쏘며 공격할 것이다.

반대로 우리가 마치 언약궤 앞에서 춤추는 다윗과 같이 기쁨에 넘치고 승리감에 취해 있을 때 사탄은 우리가 교만해지도록 부추긴다. 이를테면 "너는 지금 너의 힘으로 그 자리까지 왔어. 이제 그동안 모은 돈을 흥청망청 쓰면서 지내는 게 어때?"라고 말하는 것이다. 혹시 당신의 입에서 "나의 능력과 선함이 나를 지금의 자리에 앉게 해 주었어." 라는 말이 나온다면, 당신은 이미 사탄이 놓은 덫에 걸린 것이다.

당신이 만약 사탄이 쳐 놓은 덫을 피했다 할지라도, 그는 또 다른 덫을 준비하여 당신을 괴롭힐 것이다. "너는 조만간 나락으로 떨어질 거야. 네가 자랑하는 모든 것들이 진흙탕에 던져지고 짓밟힐걸? 그렇게 되지 않으려면 나의 말을 잘 들어야 해."와 같은 말을 하면서 말이다. 그렇다. 사탄은 우리의 마음 상태와 상황에 맞게 우리를 조종할 방법을 잘 알고 있다. 그는 그리스도인들을 따라다니다가 그들이 조금이라도 지치고 낙망한 모습을 보일 때면 기다렸다는 듯이 다가가 "하나님은 너를 포기했어. 더 이상 너는 하나님의 자녀가 아니야."라고 말하며 그리스도인들과 하나님과의 관계를 끊어 놓으려 한다.

심지어 사탄은 당신이 다볼 删막 9:2-8의 정상에 올라갈 때도 당신을 쫓아갈 것이며, 당신이 비스가 산신 34:1-12 정상에 오를 때도 옆에 있을 것이다. 또 성전의 꼭대기에서 당신에게 "이곳에서 뛰어 내려!"라고 명령할 것이며, 높은 산 꼭대기에서 "나에게 절하고 경배해!"라고 하며 당신을 공격할 것이다.

여기서 끝이 아니다. 사탄은 하나님의 섭리를 거스리고 자신의 말대로 하도록 우리를 부추긴다. 다음은 이에 관한 예이다. 배고픈 사냥꾼 에서는 든든하게 배를 채워 줄 팥죽 한 그릇을 먹기 위해 자신의 장자권을 동생에게 넘겼다. 또한 노아는 오랜 시간을 방주에서 보내고 밖으로 나온 뒤 포도주를 마시고 취해 벌거벗은 채로 잠들었다. 베드로는 그의 믿음이 약해졌을 때 예수님을 모른다고 부인했다. 유다는 은화 30개에 현혹되어 예수님을 팔았으며, 요나는 하나님이 말씀하신 땅 니느웨로 가기를 거부하고 다시스로 갔다. 이처럼 하나님의 섭리를 거스르기 위해 사탄이 이용하는 도구는 무궁무진하다. 그는 하나님의 섭리를 자신의 섭리에 맞게 사용하는 방법을 잘 알고 있으며, 우리의 욕망과 그의 유혹이 일치할 때 우리의 영혼을 건조하게 만든 뒤 불태워 버린다. 사탄은 매우 간사하고 교활한 방법으로 오랜 시간 동안 우리를 공격해 왔기 때문에 그에 비하여 한참 뒤에 삶을 시작한 인간은 사탄의 적수가 될 수 없다.

사탄은 심지어 그 어떤 사람보다 탁월한 지혜를 가진 솔로몬 왕마저도 그의 자리에서 끌어내렸다. 사탄은 그를 무력하게 만든 뒤 자신의 발아래 굴복시켰다. 또한 사탄은 수천 명의 블레셋 사람들을 죽일 수 있는 힘을 가진 삼손을 들릴라의 유혹에 빠지게 했다. 그는 하나님의 마음에 합한 다윗마저도 비열한 잘못을 저지르도록 부추겼다. 이런 이야기들이 시사하는 바는 사탄이 교묘한 방법으로 우리에게 접근할 때 우리가 아무리 지혜롭고, 힘이 세고, 고결한 성품을 지녔다 하더라도 이를 막아내기가 쉽지 않다는 것이다. 믿음의 조상들이 겪었던 이 이야기들은 사실이라고 믿을 수 없을 만큼 참담하지만 모두 실제로 있었던 일들이다.

물론 사탄의 존재를 전혀 믿지 않는 회의론자들도 있다. 이는 곧 그들이 악한 영의 존재 자체를 믿지 않는다는 말이다. 그런데 내가 그런 사람들을 유심히 관찰한 결과, 사탄의 존재를 인정하지 않는 이들은 하나님을 믿지 않는 사람들이었다. 그들은 대체로 지금껏 사탄의 공격을 받아 본 적이 없다. 그리고 그들은 앞으로도 사탄의 공격을 받지 않을 것이다. 왜냐하면 그들은 지옥에 갈 것이 분명하기 때문이다. 그래서 사탄이 굳이 그들에게 찾아갈 이유가 없다. 사탄은 하나님도 믿지 않고 자신의 존재도 믿지 않는 이들을 보며 다음과 같이 말할 것이다. "저런 인간들은 그냥 저렇게 살도록 내버려 둬야겠어. 굳이 하나님을 믿지 않는 사람들까지 유혹할 필요는 없지."

나는 내 인생의 위기의 순간에 나에게 치명적인 독화살을 쏜 대적자 사탄을 마주한 이후로, 사탄의 존재와 그가 나의 영혼에 대적하려 한다는 사실을 전혀 의심하지 않게 되었다. 결국, 각자의 경험이 사탄의 존재에 대한 증거가 되는 것이다.

성령이 주시는 기쁨을 경험해 보지 못한 사람은 악한 영의 공격에 대해서도 전혀 알 수 없다. 마찬가지로 하나님의 존재에 대해 의심하는 사람도 사탄의 공격을 받지 않는다. 그대로 두면 그들이 알아서 지옥 불에 떨어질 것이기에 사탄이 그들을 공격하지 않는 것이다.

헨리 워드 비처(1813-1887, 미국의 목사이자 저술가, 노예 해방론자) 목사는 다음과 같은 일화를 남겼다. 한 번은 흑인이 그의 주인과 함께 야생 오리 사냥에 나섰다. 사냥을 하는 도중 오리 한 마리가 상처를 입었고, 주인은 그 오리를 잡으려고 필사적인 노력을 했다. 그러다가 그 오리는 저절로 땅에 떨어져서 죽었고, 그 뒤로 주인은 더 이상 그 어떤 노력도 할 필요가 없었다. 죽은 오리를 주워 들기만 하면 되기 때문이다.

이러한 일화는 죽은 오리뿐만 아니라 죽은 영혼들에게도 적용된다. 그들의 영은 이미 죽었기 때문에 사탄은 그들에게 크게 관심을 두지 않는다. 오히려 그가 관심을 가지는 대상은 생명이 아직 붙어 있는 사람들, 그중에서도 상처를 입거나 무엇을 잃어버릴까봐 두려움에 떠는 사람들이다. 사탄은 언제나 그런 사람들을 자신의 손아귀에 넣으려고 고군분투한다.

울부짖는 사탄

이 파괴자는 수많은 속임수를 가지고 있다. 베드로전서 5장에 보면 그는 울부짖는 사자로 비유되어 있다. 다른 성경 구절을 보면 사탄이 새 사냥꾼으로 비유되어 있다. 새 사냥꾼은 조용하고 은밀하게 새를 향해 다가간다. 만약 새들에게 겁을 주면 새를 잡을 수 없기 때문에, 그는 최대한 조심스러운 동작으로 새 주변에 그물을 설치한 뒤 달콤한 목소리로 새들이 그물에 걸릴 때까지 유혹할 것이다. 이는 울부짖는 사자와는 전혀 다른 모습이다. 성경의 또 다른 구절에서는 사탄이 광명의 천사로 위장한다고 나와 있다. 그는 그럴듯한 모습으로 거짓된 교리와 오류들을 사람들에게 가르친다. 또 자신이 진리에 대해 거룩하고 열망이 있는 척하며, 우리에게 잘 알려진 가치들을 자신 역시 선망한다는 거짓말로 스스로를 위장할 것이다.

오늘날 우리는 사탄이 가르치는 도덕성의 실체가 무엇인지 분명히 보여 주는 많은 자료들을 가지고 있다. 사탄이 선함을 싫어함과 같이 기독교에 부정적인 기자들이 회의적인 태도나 악한 감정을 드러내며 쓴 신문 기사를 종종 볼 수 있다. 또 일부 목회자들의 설교는 겉보기에 번지르르하지만 실상은 오만하고 무례하며, 다른 목회자의 실수나 어리석음을 덮기 위해 경건한 척하며 쓴 글에는 진실성이 결여되어 있다.

사탄은 위선적인 말과 가식적인 행동을 일삼는 그리스도인들을 공격하지 않는다. 그들은 그대로 두어도 겉으로는 근엄한 척, 거룩한 척하나 속으로는 사탄이 원하는 말과 행동을 하기 때문이다. 죄를 사랑하면서도 겉으로는 깨끗한 척, 경건한 척하며 계속해서 자신의 가식적인 모습을 변호하는 사람들이야말로 사탄이 가장 좋아하는 사람이다.

우리가 앞서 읽었던 성경 구절에서 사탄은 광명의 천사가 아니라 울부짖는 사자로 표현되어 있다. 새뮤엘 루더포드는 사탄의 모습을 지칭하는 표현으로 울부짖는 사자가 가장 적절하다고 했다. 나에게 보내온 편지에서 그는 울부짖는 사자와 맞서 싸울 수 있도록 힘을 주신 하나님께 감사 드린다고 말했다.

이제부터 우리는 사자의 울부짖는 울음소리에 담긴 의미를 알아볼 것이다. 그 전에 여기서 묘사된 사자의 모습을 짚고 넘어가자. 이 사자는 지금 먹잇감을 찾아 구부정한 자세로 걸어 다니다가 공격할 준비가 되었을 때 겨우 소리를 지르는 모습이 아니다. 이 사자는 자신의 울부짖음을 통해 숲 전체를 놀라게 하고, 언덕을 흔들며, 대초원 전체가 울리게 할 수 있다.

핍박의 울부짖음

사탄의 울부짖음은 3중적인 의미를 가지고 있다. 베드로가 살던 시대의 사탄은 그리스도인들을 핍박하기 위해 울부짖고, 또 울부짖고, 다시 울부짖었다. 그리고 그 울부짖음은 그리스도를 위해 자신의 정체성을 당당히 드러낼 수 있는 담대한 성도만 남을 때까지 계속되었다.

베드로가 살았던 시대의 지하 감옥에는 개구리, 뱀, 그리고 두꺼비들이 우글거렸고, 독한 냄새와 역한 공기가 가득

했다. 또한 각종 고문 도구들과 교수대가 있었고, 목을 베는 데 사용하는 칼과 화형의 도구로 사용하는 말뚝이 있었다. 그곳에서는 황제의 정원에 불을 밝히기 위한 용도로 살아 있는 사람의 몸에 역청을 바르고 있었으며, 그곳에 갇힌 사람들은 말로 다 표현할 수 없을 만큼 끔찍한 고문을 당했다. 특히나 그리스도인들은 더욱 심한 고통을 견뎌 내야 했다.

> 돌로 치는 것과 톱으로 켜는 것과 시험과 칼로 죽임을 당하고 양과 염소의 가죽을 입고 유리하여 궁핍과 환난과 학대를 받았으니 히브리서 11:37.

바로 이것이 베드로가 살았던 시대의 현실이다. 이후에도 로마의 오래된 지하 감옥에서는 천둥소리와 같은 사탄의 울부짖음이 들려왔다.

현재는 재래시장으로 바뀌었지만, 과거에는 공개 처형장으로 사용된 런던 북쪽의 도시 스미스필드는 사탄의 울부짖음이 무엇인지 증명하는 곳이다. 순교자들의 공동묘지는 사탄이 그들을 향해 어떻게 울부짖었는지를 보여 주고 있다. 또한 이러한 박해는 신앙을 가진 사람들 사이에서도 빈번히 발생했다. 네덜란드와 독일에서는 하나님의 거룩한 예식을 따르지 않고, 교황과 고위 성직자의 뜻을 거부했다는 이유만으로 무수한 사람들이 강물에 수장당했다.

과거에 비하면 많이 약해졌으나 여전히 사탄은 우리를 향해 울부짖고 있다. 그러나 과거에는 사자의 울음소리와 같이 큰 소리를 내던 그가 이제는 화가 난 고양이의 울음소리 수준으로 울부짖고 있다. 오늘날 그가 할 수 있는 일은 조롱과 풍자, 그리고 악한 말로 중상모략을 일삼는 것뿐이다.

사탄의 조롱, 풍자, 중상모략이 두려운가? 만약 우리가 이러한 수준의 고난도 견딜 수 없다면, 사탄이 과거처럼 더 큰 소리를 낼 때 무엇을 할 수 있겠는가? 사탄은 분명히 이 지구를 떠나기 전에 우리 곁으로 와서 한 번 더 으르렁거릴 것이다. 하지만 얼마든지 그렇게 하도록 내버려 두자. 사탄이 아무리 크게 울부짖더라도 복되신 하나님이 우리를 지켜 주실 것이다.

유혹의 울부짖음

사탄은 또한 우리를 유혹하기 위해 울부짖는다. 그리스도인이라면 한 번쯤 다음과 같은 경험을 했을 것이다. 당신이 싫어하고 혐오하며, 거부하면서도 강력한 유혹에 이끌려 어떤 것을 움켜쥐려고 한 적이 있지 않은가? 그렇게 움켜잡은 것을 놓치지 않도록 매우 강력한 힘이 당신의 의지와는 정반대의 방향으로 당신의 몸과 생각을 이끌어 간 적은 없었는가? 이 순간이 바로 우리가 죄를 눈앞에서 직접 목격하는 상황이다. 당신은 하나님을 배반하여 죄를 지으면 안 된다고 느끼지만, 그 강력하고 견고하며 비밀스러운 유혹이 당신을 절벽의 끝까지 몰고 가서 아래로 떨어뜨리려고 한다. 거대한 파도가 당장이라도 당신을 삼킬 듯이 몰아치고 있다. 하지만 바로 그 절체절명의 순간, 하나님의 은혜로 당신의 발은 미끄러지지 않을 것이며, 파괴자의 손아귀에서 벗어나게 될 것이다. 이런 깨달음을 얻고 나니 시편에 나오는 아삽의 고백이 마음에 생생하게 와닿았다.

> 나는 거의 넘어질 뻔하였고 나의 걸음이 미끄러질 뻔하였으니 시편73:2.

우리가 고뇌할 때도 사탄은 계속해서 우리를 유혹한다. 당신은 그의 집요한 유혹에 시달리느니 차라리 죽는 편이 낫겠다고 말할지도 모른다. 이 고통스러운 시간이 계속되면 자신이 하나님을 떠나게 될지도 모르고 결국 지옥에 갈지도 모른다는 생각이 들어 두려움이 몰려오기 때문이다.

존 번연의 《천로역정》에 나오는 견립씨는 거품 부인에게 계속해서 유혹을 받게 되자, 마침내 무릎을 꿇고 앉아 하나님께 자신을 구원해 달라고 간구한다. 그리고 약한 자를 도우시는 그분은 결국 그를 유혹의 덫에서 구해주셨다.

당신에게 계속해서 유혹의 목소리가 들려온다면 그것은 당신을 향해 울부짖는 사탄의 목소리라는 것을 기억해야 한다. 초대 교회를 박해하던 사람들이 성도들을 잡아다가 더러운 물을 목구멍에 쏟아부어 질식시켜 죽인 것처럼, 사탄은 계속해서 우리에게 온갖 유혹을 쏟아부을 것이다. 사탄은 끊임없이 자신이 추구하는 것들을 우리에게 밀어 넣을 것이며, 우리가 그의 말에 굴복할 때까지 그의 유혹은 계속될 것이다.

내가 경험한 잊지 못할 사탄의 유혹은, 바로 내가 하나님을 불신하게 만드는 것이었다. 나는 하나님의 약속이 진실하며, 그분께서 말씀하신 것은 반드시 이루어진다는 것을 잘 알고 있었다. 또한 하나님은 과거에 행하신 일들을 변개하지 않으시며, 마지막 순간까지 말씀하신 모든 일들을 굳건히 이루어 내신다는 것도 잘 알고 있었다. 하지만 사탄은 끊임없이 나를 유혹했으며 나에게 "하나님을 믿지 마. 그분은 너를 잊었어. 그를 신뢰하지 마"라고 속삭였다. 만약 내가 불안정한 상태일 때 이런 공격을 받게 되면 "아니야! 하나님은 그분의 종을 버리지 않으시며, 나를 떠나지 않아!"라고 반박하기가 어렵다. 계속되는 사탄의 공격과 유혹의 늪에서 매일같이 그를 대적하며 견고히 서 있는 것은 결코 쉽지않다. 그러므로 우리는 날마다 다음과 같이 기도해야 한다.

> 하나님 아버지, 성령님의 능력으로 제가 사탄의 유혹을 뿌리치고 승리하게 해주세요.

하나님을 모욕하는 울부짖음

사탄의 또 다른 울부짖음은 그리스도인들의 귀에 하나님을 모욕하는 말을 하는 형태로 나타난다. 그런데 우리는 이 방법에 대해 잘 알지 못하며, 알려고 하지도 않는다.

사탄이 하는 모욕적인 말들이 우리 마음속에서 진실로 받아들여지는 시기는 아무것도 모르는 어린 시절이나 죄의 노출이 많아지는 청소년기가 아니라고 생각한다. 오히려 어른이 된 당신이 기도를 하는 도중 한때 즐겨 불렀던 대중가요 한 구절이 떠오르면서 혼란스러워질 수 있다. 또는 자신이 모든 부정한 생각에서 자유로워졌다고 안도하고 있을 때 예전에 들었던 조악한 표현들이 자꾸만 뇌리에 들어와 문제를 일으킬 수 있다. 심지어 찬송가 가사가 당신에게 거룩하지 않은 어떤 일을 떠올리게 할 수 있으며, 성경 구절이 오랫동안 잊고 있었던 좋지 않은 기억을 끄집어낼 수도 있다. 이처럼 사탄이 성도의 마음속에 하나님을 모욕하는 생각을 집어 넣을 때에는 이전보다 더욱 흉악한 공격이 시작되는 징조라고 볼 수 있다. 그래서 존 번연은 다음과 같은 글을 남겼다.

선한 그리스도인은 죽음의 그림자가 있는 계곡을 통과해야 했다. 그 계곡의 중간 즈음에 이르렀을 때, 그는 지옥의 입구가 거기 있다는 것을 알아차렸다. 그 구렁텅이의 입구를 막 지나가려고 할 때, 악한 존재 하나가 그에게 조심스럽게 다가왔다. 그러고는 하나님을 모욕하는 말들을 쏟아 냈다. 그리고 이 모든 생각들이 분명히 자신의 마음 안에서 나 온 것처럼 만들었다.

이러한 생각은 그리스도인이 이전에 겪었던 그 어떤 유혹보다 강하게 그를 흔들었기에, 그는 그렇게도 사랑했던 하나님을 이제는 모욕해야겠다는 생각에 사로잡히고 말았다. 하지만 다행히도 그는 그렇게 하지 않았다. 그는 계속해서 자신의 귀에 들려오는 말을 듣고자 멈추지 않았고, 어디서 이렇게 하나님을 모욕하는 말들이 나오는지 알려고 하지도 않았다.

많은 사역자들이 이런 문제를 중요하게 생각하지 않는다. 하지만 이러한 문제로 인해 하나님의 백성들이 고통받고 있다. 어둡고 음침한 상태를 통과하도록 도전받은 사람들을 목양하기 위해서, 사역자들은 그들을 신실하게 돌보는 목자가 되어야 한다.

하나님의 백성들이 무언가를 두려워하거나 무서워하는 것은 그들 스스로의 생각이 아니라 모두 다 사탄 혹은 그의 친구들이 만들어 낸 감정이다. 사탄은 우리가 매우 생생하고도 위험한 생각들을 마음속에 품도록 부추긴다. 그래서 다윗은 다음과 같이 말했다. "주의 율법을 버린 악인들로 말미암아 내가 맹렬한 분노에 사로잡혔나이다"시 119:53.

사탄은 그의 말로 인해 우리가 악한 생각에 빠지게 되면 이어서 다음과 같은 말로 두려움을 불어넣는다. "너는 하나님의 자녀가 아니야. 네가 하나님의 자녀가 맞다면 너는 감히 그런 생각을 하지 않을걸?" 여기서 중요한 것은 당신 스스로 그런 생각을 한 번도 해 본 적이 없다는 것이다. 이 모든 것은 사탄의 유혹이자 그가 지어낸 거짓일 뿐이다. 그는 당신이 절대로 용서받지 못할 죄를 지은 것처럼 부풀려 당신이 믿음을 저버리도록 유혹할 것이다. 아무리 그가 당신의 마음을 강하게 흔들지라도 우리는 다음 말씀을 되새기며 그의 핍박과 유혹을 견뎌 내야 한다.

> 너희는 믿음을 굳건하게 하여 그를 대적하라 이는 세상에 있는 너희 형제들도 동일한 고난을 당하는 줄을 앎이라 베드로전서 5:9.

사탄의 궁극적인 목적 : 삼킬 자를 찾나니

"삼킬 자를 찾나니" 벧전 5:8 라는 표현은 성도들을 완전히 파괴하고자 하는 사탄의 목적을 설명하기에 충분하다. 하나님은 그리스도인들을 구원하실 것이다. 그분은 자신의 백성들이 온전히 구원받을 때까지 쉬지 않고 일하실 것이다. 하지만 사탄은 하나님과 정반대의 생각을 가지고 있다. 그는 이 땅의 모든 그리스도인들이 멸망할 때까지 그의 일을 멈추지 않고 계속해 나갈 것이다. 할 수 있는 한 성도들을 조각조각 찢어 놓고, 뼈를 부수며, 고통의 구렁텅이로 몰아넣을 것이다. 그러면서도 이따금씩 독이 든 사탕을 건네주며 우리를 기쁘게 해 줄 것이다. 우리가 비참한 말보다 달콤한 말을 들었을 때 쉽게 무너진다는 것을 잘 알고 있기 때문이다. 아우구스투스 토플레이디는 다음과 같이 말했다. "폭풍우가 내 머리를 강타하는 것보다, 반역의 외침이 더 두렵다." 나이 지긋한 한 청교도 목사도 다음과 같이 말했다. "유혹에 완전히 넘어가지만 않는다면, 견디기 어려운 유혹이란 없다."

사실 가장 심각한 유혹은 나태함에 빠지는 것이다. 우리가 성경 말씀을 멀리하는 순간, 우리의 영적인 무장들이 하나씩 풀릴 것이다. 그리고 바로 그때, 우리는 우리의 적인 사탄에게 가장 공격받기 쉬운 상태가 된다. 사탄은 우리의 믿음이 약해진 것을 보고 의심의 여지없이 기뻐 날뛸 것이며, 우리의 마음을 마구 흔들어 놓을 것이다. 그의 목적은 우리가 구원의 하나님을 믿지 못하도록 우리의 믿음을 파괴하는 것이기 때문이다.

이제 우리는 마음을 단단히 먹고 우리를 완전히 파괴하려는 사탄의 욕망에 맞서 싸워야 한다. 그의 목적은 절대 이루어질 수 없으며, 그의 계획은 완전히 실패했다. 영원하신 하나님의 아들 그리스도와 공중 권세를 잡은 사탄이 싸운다면 누가 마지막 승리를 거두게 될 거라고 생각하는가? 우리는 의심의 여지없이 그리스도가 승리하신다는 것을 알고 있다. 만약 사탄과 사람이 전쟁을 한다면 사람이 질 수밖에 없겠지만, 이 전쟁은 전능하신 하나님과 사탄의 싸움이다. 그분은 이미 뱀의 머리를 박살 내셨고, 앞으로도 승리하실 것이다. 물론 그리스도가 죽으심으로 구원을 이루어 내기 바로 직전 그분의 영광은 거두어졌으며, 그분의 보좌는 흔들렸지만 구원을 이루신 후에는 그리스도의 사랑이 널리 알려졌고, 그분을 대적하던 이들은 모두 멸망했다. 그러므로 성도들이여, 사탄이 우리의 마음에 상처를 입힐 수는 있으나 결코 우리의 믿음을 해할 수 없음을 기억하자. 그가 우리를 괴롭힐지라도 우리는 새 힘을 얻을 것이며 다음과 같이 외치게 될 것이다.

나의 대적이여 나로 말미암아 기뻐하지 말지어다 나는 엎드러질지라도 일어날 것이요 어두운 데에 앉을지라도 여호와께서 나의 빛이 되실 것 임이로다 미가 7:8.

대적자를 물리치라

"믿음에 굳게 서서 사탄을 대적하라." 이 말씀이 사탄을 대적하기 위한 첫 번째 도구가 되어야 한다. 사탄이 광명의 천사로 가장하여 우리를 공격할 때, 단순히 그 자리를 피하는 것으로 그에게 저항했다고 말하기는 어렵다. 물론 어떤 유혹들은 그 상황에서 벗어나는 것이 최선의 방법이 될 수도 있으나 사탄이 크게 부르짖는 상황에서는 우리도 그에게 소리치며 전투적인 태도를 취해야 한다. 도망치는 것은 패배나 마찬가지다.

이제 사탄이 당신을 괴롭게 하려고 부르짖거나 중상모략을 하거나 비난한다면 그에게서 도망치려고 하지 말고 당당히 맞서 싸우자. "나는 이 사명을 위해 부르신 분을 힘입어 이 전쟁을 직시하고, 지금껏 나를 도와주신 그분의 이름으로 승리의 깃발을 올릴 것이다. 나는 네가 뭐라고 하든 여호와 닛시의 하나님, 승리의 주가 되시는 하나님, 피난처 되시는 하나님의 이름만 부를 것이다!"라고 선포하자. 사탄의 유혹에 뒷걸음질을 친다면, 결과는 패배일 뿐이다. 오히려 용맹함으로 무장하고 그에게 저항한다면 당신은 반드시 승리를 거두게 될 것이다. 혹시 사탄이 당신에게 하나님을 모욕하는 말을 하고 있는가? 그렇다면 당신은 더 많이 기도하고, 더 큰 목소리로 하나님을 찬양함으로써 그와 대적해야 한다. 당신을 공격하면 할수록 당신이 더욱 하나님께로 향한다는 사실을 사탄이 알게 된다면 그는 결국 당신을 포기할 것이다.

난파된 배에서 극적으로 살아남은 사람이 큰 바위 위에 앉아 구출을 기다릴 때 거대한 파도가 밀려온다면 그는 더욱 세게 바위를 붙잡을 것이다. 이처럼 우리도 온갖 유혹을 선한 방향으로 전환시켜 사탄과 맞선다면, 그는 곧 싸움을 포기하고 다른 방법을 찾게 될 것이다. 그러므로 '믿음에 굳게 서서' 사탄을 대적하자. 복음을 분명하게 알고, 하나님이 계시하신 진리의 한 부분을 포기할 바에야 차라리 순교를 하겠다고 각오한다면 당신은 더욱 강한 용사로 거듭날 수 있다. 또한 하나님의 약속들을 굳게 붙잡아야 한다. 그래서 사탄이 말씀으로 유혹해 온다면 우리 역시 '주께서 이처럼 말씀하시길'이라는 표현으로 시작되는 말씀을 외치며 그와 대적해야 한다. 배 밖의 물로는 배를 가라앉힐 수 없다. 배 안으로 들어온 물이 배를 위험하게 만드는 것이다. 따라서 우리는 그를 우리 마음속에 들여보내지 말아야 한다. "비록 사탄이 나를 죽일지라도 나는 하나님을 신뢰하겠다!"라고 선포해야 한다. 사탄이 우리의 방패를 공격할 수는 있겠지만, 우리에게 상처를 입힐 수는 없을 것이다.

날카롭고 긴 유혹의 그 한가운데서,
나의 영혼은 사랑하는 피난처로 날아가네.
폭풍이 불고 파도가 일 때,
희망은 나의 견고하고 강한 닻. 복음이 나의 영을 세워 올리네.
맹세와 약속과 피를 걸어,
신실하며 변함없으신 하나님
바로 그 위에 나의 희망을 두네.

사탄과의 싸움이 길어질 수도 있으나 승리는 절대적으로 우리에게 있음이 확실하다. 당신은 십자가를 붙들고 주님께 의지하면 된다. 당신을 위해 죽으신 구세주의 피가 당신의 죄에 떨어진다면 당신은 그분을 보지 못한다 해도 여전히 그분을 믿는 것이다. 잠잠히 "나는 그분이 죄인을 구하시려고 세상에 오셨음을 믿는다. 나는 그분이 구하고자 한 죄인 중에 한사람이다. 이제 나는 구세주를 나의 유일한 희망으로 여기며 그분만 신뢰할 것이다."라고 고백하라. 그러면 사탄이 아무리 큰 소리로 당신에게 부르짖더라도 당신은 상처를 입지 않을 것이며 그가 아무리 화를 내도 그 분노는 헛된 것에 그칠 뿐이다.

"이는 세상에 있는 너희 형제들도 동일한 고난을 당하는 줄을 앎이라"벧전 5:9는 말씀은 나 혼자만 사탄의 유혹을 받고 있다고 생각하는 사람에게 위로가 될 것이다. 존 번연은 그림자가 드리워진 계곡 이야기를 통해 이 말씀의 뜻을 잘 묘사했다.

그리스도인이 한쪽에는 깊은 구덩이가 있고, 다른 한쪽에는 수렁이 있는 매우 좁은 길을 따라 걸어가다가 잠시 멈추어 섰다. 어딘가 이상한 생각이 들어 온 길을 다시 돌아가야겠다는 생각을 했다. 그러나 그는 이미 그 계곡의 절반이나 건너왔다는 것을 깨닫고 가던 길을 계속해서 가기로 마음먹었다. 그런데 잠시 멈추어 묵상하는 동안 자신보다 앞서 그 길을 걸어간 한 사람의 목소리를 들었다. "내가 사망의 음침한 골짜기로 다닐지라도 해를 두려워하지 않을 것은 주께서 나와 함께 하심이라 주의 지팡이와 막대기가 나를 안위하시나이다"시 23:4. 이 말씀은 그에게 위로가 되었다. 그는 그 계곡을 건너기에 앞서 하나님을 경외하는 자들을 모았다. 비록 그들은 하나님을 분명하게 인식하지 못했지만, 하나님은 그들과 함께하셨다. 그는 그들과 동행하기를 바랐기 때문에 그들 앞으로 나아가 크게 소리쳤다. 그런데 아무도 대답하지 않았다. 하지만 대답이 없다고 해서 그가 혼자 걷는 것은 아니었으며, 그 역시 이 사실을 알고 있었다.

어떤 사람은 사탄의 유혹을 경험했을 때 "그 어떤 사람도 나와 동일한 경험을 하지 못할 거야."라고 말할지도 모른다. 그러나 당신뿐만 아니라 다른 사람들도 같은 경험을 한다. "세상에 있는 너희 형제들도 동일한 고난"벧전 5:9을 당한다는 말씀이 이를 뒷받침 하는 근거이다.

종교개혁자 마틴 루터는 자신을 영적으로 성장시킨 첫 번째 선생이 유혹이고, 그다음은 고난이라고 했다. 직접 유혹을 당하고 고난을 겪어 봐야 다른 사람을 어떻게 도울지 알게 된다. 물론 지금껏 그 누구도 경험하지 못한 유혹을 받는다면 정말 견디기 힘들지도 모른다. 그러나 절대로 좌절하지 말자.

나만 겪는 고난인 것 같지만, 실은 주님이 수천 년 전에 이미 그 자리에 계셨다. 그리고 성경은 당신뿐만 아니라 다른 형제, 자매들도 똑같은 시험을 받았다고 말한다. 그들이 고난을 견뎌 낸 것처럼, 그 어떤 고난도 당신을 쓰러뜨릴 수 없을 것이다. 그들이 아무런 해도 입지 않고 유혹의 단계를 통과했듯이, 당신도 모든 유혹을 이겨 낸 뒤 마지막 날에 순결하고 거룩한 옷을 입고 하나님 보좌 옆에 서게 될 것이다. 그들의 눈에 더 이상 눈물이 흐르지 않고, 옷에 얼룩이 남아 있지 않은 것과 같이 사탄은 더 이상 당신에게 상처를 입힐 수 없을 것이다.

당신은 모든 시험과 역경 속에서도 소중한 것들 중 어느 것 하나 잃지 않게 될 것이며, 오히려 당신에게 필요하지 않았던 찌꺼기들과 불순물, 그리고 쓸모없는 가치들을 버리게 될 것이다. 이처럼 당신은 깊은 물에 씻겨 정결하게 될 것이다.

이 모든 것은 믿음에 굳게 서서 사탄을 대적할 때 일어나는 일들이다. 가장 심각한 상황에서도 그리스도인답게 사는 것이 진정한 축복의 길이다. 나는 곤경에 빠지더라도 그 상황을 슬쩍 모면 하는 것이 아니라 온전히 그리스도를 따르며 고난을 감내하겠다고 결단했다.

나는 나의 복된 유업을 바꾸지 않으리.

세상 모든 것이 선하거나 위대한 것을 갈망하고 있으니
내 믿음이 이 복된 유업을 유지하는 동안에
나는 죄인들의 황금을 부러워하지 않으리.

젊었을 때 이런 결단을 내린 뒤로, 나는 조금도 내 마음을 바꾸지 않았다. "예수님 없이 나는 아무것도 아니요."라는 나의 외침은 지금도 유효하며, 마지막 날까지 이어질 것이다.

예수님을 믿고 그분을 신뢰하라. 그러면 당신도 그리스도인들이 누리는 기쁨과 특권을 경험하게 될 것이다. 예수님이 고통 가운데 흘리신 피와 땀, 그분의 십자가와 고난, 그분의 죽음과 장사됨, 부활, 그분의 승천을 기억하라. 그러면 당신은 모든 두려움을 이길 위안과 모든 고통을 이길 새 힘을 얻게 될 것이다. 그리고 당신이 필요로 하는 모든 것, 당신이 열망하는 그 모든 것을 그리스도 예수, 당신의 주님 안에서 발견하게 될 것이다.

나는 하나님께서 날마다 우리에게 주시는 은혜와 사랑이 우리의 영원한 동반자가 되기를 소망한다. 그래서 우리가 대적자 사탄의 온갖 유혹을 이겨낼 수 있기를 간절히 바란다. 아멘!

Chapter. 2

사탄의 화살과
하나님의 화살

활을 당겨 나를 화살의 과녁으로 삼으심이여

화살통의 화살들로 내 허리를 맞추셨도다

_예레미야애가 3:12-13

목회자가 성도들에게 설교를 하는 것은 과녁을 향해 화살을 쏘는 것과 다름없다. 그러나 애석하게도 목회자가 쏘는 화살들 중에 일부는 과녁에 도달하지 못한다. 만약 목회자가 진정성과 열의가 결여된 화살을 쏜다면, 대다수는 과녁에 이르지 못할 것이다. 하나님이 보내신 우리가 제 역할을 하지 못한다면 그것은 정말 슬픈 일이다. 나는 한 영혼이라도 더 구하기 위해 자신의 영과 혼과 몸의 모든 힘을 다하지 않는 목회자들은 수치를 당해 마땅하다고 생각한다.

목회자가 성도들이 이해할 수 없는 표현을 사용하여 어려운 내용을 전달하려고 한다면, 그 화살은 너무 높은 곳을 향해 날아가 결국에는 과녁을 지나쳐 버릴 것이다. 복음의 단순한 진리를 성도들이 이해하기 쉽게 설명하지 못하는 목회자들은 자신을 돌아보며 설교 방식을 고쳐 나가야 한다. 말씀이 성도들의 삶 가운데 드러나도록 하기 위해서는 언제나 적절한 방법이 무엇인지 고민해야 한다.

하지만 아무리 정확하게 조준하여 활을 당겼다 할지라도 그 말씀을 듣는 성도들이 머리부터 발끝까지 무관심의 철갑을 두르고 있다면 그 화살은 그들의 마음에 꽂히지 않고 땅으로 떨어질 것이다. 하나님이 전하신 진리를 성도들이 받아들이지 않는다면 계속해서 화살을 쏘아도 화살촉이 무뎌지거나 화살대가 부러질 뿐 성도들의 삶은 바뀌지 않을 것이다.

나는 수년 동안 계속해서 튼튼한 활을 가지고 나의 모든 힘을 다하여 사람들의 마음에 믿음의 화살을 쏘아 왔다. 그런데 어떤 사람들의 마음은 아예 찌르지도 못하거나 근처에 가지도 못한 경우가 있었다. 그러나 하나님이 직접 쏘시는 화살은 다르다. 그분의 화살은 절대로 과녁을 빗나가지 않으며, 아무리 죄인이 두꺼운 갑옷을 입고 있다 할지라도 하나님은 작고 작은 틈을 찾아 그 안으로 화살을 쏘아 넣으시는 분이다.

목회자들이 화살을 쏠 때 기억해야 할 점은 화살이 한 사람의 영혼에 정확하게 맞아야 한다는 것이다. 그래서 그가 화살을 빼내고 하나님으로부터 도망가려는 욕망을 잠재워 주어야 한다.

그런데 하나님과 우리만 화살을 쏘는 것이 아니다. 사탄도 우리를 향해 화살을 쏜다. 이제부터 사탄의 화살과 하나님의 화살에 대해 설명할 것이다. 그런 다음 이러한 화살에 의해 상처 입은 사람들을 위로하고자 한다.

사탄의 화살

하나님의 영에 의해 일어난 회개의 역사가 아니라, 사탄이 자극하여 생겨난 죄책감 때문에 시달리는 사람들이 많다. 사탄은 어떻게든 우리가 낙심하여 소망을 잃어버리게 만들려고 발악을 한다. 그래서 자신이 가진 모든 힘으로 동료들을 모아서 우리에게 화살을 쏘아댄다. 우리의 영혼이 그리스도 안에서 안식을 취한다면 자신의 목적을 달성할 수 없기 때문이다.

사탄은 죄 문제로 갈등하는 사람에게 찾아가 이렇게 말

한다. "너의 죄가 너무 커서 하나님이 절대로 용서해 주시지 않을 거야. 너는 그동안 너무나 많은 죄를 지었어. 그동안 네가 밤낮으로 저지른 죄들을 생각해 봐. 이미 지은 죄가 너무나 많기 때문에 너에게 더 이상의 희망은 없어! 너는 그동안 죄 위에 또 다른 죄를 계속해서 범했는걸? 이제 곧 너는 심판을 받게 될 거야. 너에게 소망이란 없어."

비록 이 말이 성경 말씀을 인용했다 하더라도, 이 화살은 결코 하나님의 화살집에서 나온 것이 아니다. 그리고 이 말씀은 진심으로 자신의 죄를 회개하고 예수님의 자비를 구하는 자에게는 해당되지 않는다. 하지만 당신이 지은 죄가 너무 크다고 생각된다면 "여호와의 인자하심은 자기를 경외하는 자에게 영원부터 영원까지 이르며"시 103:17 라는 말씀을 기억해야 한다. 만약 당신이 사탄의 유혹에 넘어가 죄를 지었고, 하나님으로부터 멀어졌다고 하더라도 예수 그리스도가 하신 약속은 여전히 당신에게 유효하다. 사람에 대한 모든 죄와 모독은 사하심을 얻을 수 있다마 12:31. 만약 당신이 엄청나게 많은 죄를 지었다 할지라도 임마누엘의 가지에서 나오는 보혈의 샘에서 씻는다면, 그분의 피가 가진 충만한 능력으로 당신의 영혼은 눈보다 더 하얗게 될 것이다.

당신은 지금 갈등 가운데 있는가? 당신을 겨냥하는 사탄의 화살을 한 번에 부숴 버리자! 하나님의 자비하심과 그분의 무한한 용서의 능력을 떠올리며 사탄의 무기를 두 동강 내어 땅에 처박아 버리기 바란다! 사탄이 사용하는 또 다른 화살은 당신이 이미 하나님께 죄인으로 낙인찍혔다고 속삭이는 것이다. "하나님은 너처럼 엄청난 죄를 지은 사람을 구원해 주실 수 없어. 너의 죄는 너무나 커서 회개해도 소용없지. 어느 날부터 너의 마음속에서 설교에 대한 감동이 사라지지 않았니? 행여나 네가 설교를 듣고 감동받았다 하더라도 그건 잠시뿐이야. 개가 토한 것을 다시 먹고 돼지가 씻은 후에 진흙탕 속으로 돌아가는 것처럼 너는 다시 죄를 짓고 말걸? 성령님도 이런 상황에서는 아무것도 하실 수 없어."

이 얼마나 엄청난 비판의 말이자 믿을 수 없는 거짓말인가? 하나님께 불가능한 일이란 없다. "여호와의 손이 짧아 구원하지 못하심도 아니요 귀가 둔하여 듣지 못하심도 아니라."사 59:1는 말씀을 아는 사람이라면 그 누구도 하나님께 '무능하다'는 말을 해서는 안 된다. 당신은 보혈의 능력을 아는가? 예수님의 보혈 한 방울은 큰 얼음산도 단숨에 녹아내리게 하는 능력이 있다. 하나님이 모세에게 바위를 치라고 했을 때 모세가 그 말씀대로 하자 바위에서 물이 흘러나왔듯이민 20:8-11, 성령이 천국의 불로 한 번 번쩍이시면 모든 것이 이루어진다.

당신의 본성이 죄악됨은 분명하다. 어쩌면 당신은 자신이 생각하는 것 이상으로 죄에 노출된 상태일지도 모른다. 그러나 당신의 악함은 당신을 새롭게 하고, 당신의 삶을 변화시키는 성령의 능력에 영향력을 끼칠 수 없다. 따라서 사탄의 화살은 결국 부러질 수밖에 없으며, 아무리 사탄이라 할지라도 망가진 무기를 다시 사용할 수 없다.

사탄이 사용하는 또 하나의 화살이 있다. 그는 고난 가운데 놓인 우리에게 이렇게 말한다. "네가 회개하기에는 이미 너무 늦었어. 만약 네가 조금 일찍 회개하고 하나님께로 돌아갔다면, 너는 구원받을 수 있었을 거야. 그리고 너는 다시 하나님의 은혜를 누렸겠지. 하지만 이미 너무 늦어 버렸어. 언젠가 너는 목사님의 설교를 들으며 그동안 지어온 죄 때문에 마음이 무거웠던 적이 있었지? 그런데 다음 날 아침에 눈을 뜨자마자 그 마음이 사라져 버렸잖아. 너는 이미 너에게 주어진 기회를 놓쳐 버렸어. 이제 천국의 문은 닫혔고, 다시 열리지 않을 거야. 네가 열심히 주님을 찾아도 이제 그분은 너를 돌아보지 않으셔. 네가 간절히 그분의 이름을 외쳐 보아도 그분은 네 기도에 응답하지 않으실 거야."

이것은 명백한 거짓말이다. 살아 있는 사람들중에 하나님이 구원하시기에 너무 늦어 버린 사람은 아무도 없다! 우리는 사탄의 속삭임이 들려올 때마다 "등불이 켜져 있는 한, 가장 악한 죄인도 돌아온다."라는 말로 그에게 담대히 맞서야 한다.

그리스도는 죽어 가는 강도도 구원하시지 않았는가? 그분은 십자가에 묶인 상태였고, 곧 죽을 상황에 처해 있었다. 하지만 하나님 곁에 묶인 강도 두 명 중 한 명은 그 자리에서 자신의 죄를 회개했다. 그리고 그리스도께 자신을 기억해 달라고 간구하자 그는 바로 그날 그리스도와 함께 낙원에 있게 되는 은혜를 받았다눅 23:32-43.

만약 당신이 나이가 많아서 천국에 갈 수 없으리라 생각한다면, 죽기 직전에 구원받은 강도를 떠올려 보자. 그렇게 생각하던 많은 사람들이 지금 하나님의 보좌 앞에 있다는 사실을 기억하라. 비록 당신이 70세, 80세, 혹은 90세가 넘었고, 그동안 그리스도 없이 살아왔다고 할지라도 결코 늦지 않았다. 나이가 많고 적음은 구원과 아무런 관련이 없다. 하나님은 지금 이 순간에도 당신에게 "악한 길과 악행을 버리고 돌아오라"렘 25:5고 말씀하신다.

하나님이 그리스도의 종들에게 주시는 명령은 그분이 첫 번째 제자들에게 주셨던 명령과 동일하다.

> 그러므로 너희는 가서 모든 민족을 제자로 삼아 아버지와 아들과 성령의 이름으로 세례를 베풀고 내가 너희에게 분부한 모든 것을 가르쳐 지키게 하라 마태복음 28:19-20.

이 말씀은 나이와 성별을 불문하고 전 세계 모든 하나님의 피조물에 해당된다. 그러므로 만약 당신이 100세가 넘었다 할지라도 당신은 하나님의 피조물이기에 나는 당신에게 복음을 전해야 하며, 당신 역시 그렇게 해야 한다. 그리고 우리가 전해야 할 복음은 다음과 같다.

> 주 예수를 믿으라 그리하면 너와 네 집이 구원을 받으리라 사도행전 16:31.

이 말씀을 달리 해석하자면, 당신의 나이가 몇 살이든 그동안 얼마나 많은 죄를 지었든 여전히 하나님은 당신을 용서하시고 기다리신다는 것이다. 그러므로 사탄의 말에 휘둘려서 하나님의 선하신 뜻을 왜곡하지 말자.

사탄이 사용하는 또 다른 화살은 바로 당신이 하나님께 선택받지 못했다고 말하는 것이다. "너는 하나님이 선택한 사람이 아니야. 너는 하나님 나라에 들어갈 수 없으니까. 네가 아무리 구원받았다고 생각해도 소용없어. '예정'에 대한 교리를 너도 잘 알고 있지? 너는 모든 희망이 막혀 버린 거야." 이와 같은 말은 사탄의 속임수이자 우리의 마음을 흔들기 위한 화살이다. 당신도 모르는데 사탄이 어떻게 당신의 선택받음 여부에 대해 알겠는가? 하나님은 이 사실을 그 누구에게도 공개하신 적이 없다. 그리고 사탄에게는 어린 양의 생명책계 21:27을 읽을 권한이 없다. 그러니 사탄의 허황된 말에 조금이라도 마음 상할 필요가 없다. 단언컨대, 당신이 하나님이 선택하신 백성들 중에 한 사람이 되지 못할 이유는 없다.

혹시 당신이 술을 마시기 때문에 구원받지 못할 거라고 생각하는가? 성경을 보면 술고래였던 사람들도 구원받았다. 혹은 당신이 사탄의 말에 현혹되어 죄를 저지른 적이 있기 때문에 구원받지 못한다고 생각하는가? 한때 더러운 말로 사탄에게 맹세했던 믿음의 조상들은 그리스도의 보혈로 씻김을 받고 새사람이 되었다. 예수님을 믿기 전에는 당신이 선택된 사람인지 아닌지에 대해서 결코 알 수 없다.

당신이 예수님을 믿으면 구원받을 것이며, 하나님이 세상을 창조하시기 전에 당신에게 그분의 아들을 보내 주셨음을 알게 될 것이다. 예정에 대한 교리는 당신과 아무런 관련이 없다. 그러니 마태복음부터 천천히 읽어 보자. 당신이 어떻게 회개하도록 초청받았으며, 어떤 삶을 살아야 할지 알게 될 것이다. 이 과정을 거친 후에 서신서를 읽으면 예정에 대한 교리와 은혜에 대하여 보다 깊이 알게 될 것이다. 그러나 당신이 가장 먼저 해야 할 일은 죄를 회개하고 주 예수 그리스도를 영접하는 것이다!

사탄은 이제 다음과 같은 말로 속삭이며 우리의 믿음을 흔들어 놓고, 우리가 하는 기도를 방해할 것이다. "네가 아무리 기도해 봤자 아무런 소용이 없어. 기도는 오랜 시간 해야 되는데 너의 기도는 충분하지 않아. 그래서 네가 평안을 얻지 못하는 거야. 그러니 기도하는게 소용없는 일 아닐까? 이제 기도하지 않아도 돼. 어떤 사람이 한때는 예수님을 믿고 기도도 열심히 했는데 어느 순간 돌아보니 죄인이 되어 있었어. 네가 그 사람과 다를 게 있을까? 그러니 네가 기도하는 것도 소용없을 거야."

이 말을 처음 들었을 때 우리의 마음이 흔들렸을지도 모르지만, 이런 말은 하나님의 진리와 정반대되는 거짓말이다. 기도는 모든 사람에게 거대한 유익이다.

> 구하는 이마다 받을 것이요 찾는 이는 찾아낼 것이요 두드리는 이에게는 열릴 것이니라 마태복음 7:8.

이 기본적인 원칙에서 벗어나는 것은 진정한 기도가 아니다. 그런데도 어떤 사람들은 사탄의 거짓말에 속아 자신들이 주님을 믿었지만, 구원받지 못했다고 말한다. 이처럼 말로만 믿는다고 하는 것과 진정으로 믿는 것은 전혀 다르다. 사탄도 하나님의 아들에게 영원한 생명이 있다는 사실에 대하여 "믿는다."라고 말한다. 따라서 우리는 진정한 믿음을 지켜 나가야 한다. 바울은 이렇게 말했다. "우리가 믿음으로 의롭다 하심을 받았으니 우리 주 예수 그리스도로 말미암아 하나님과 화평을 누리자"롬 5:1. 당신은 사탄의 거짓말들을 믿을 것인가? 아니면 하나님이 말씀하신 진리를 믿을 것인가?

사탄은 지금까지 말한 다섯 가지 화살들 외에 다른 화살들을 준비해 두었을지도 모른다. 어쩌면 당신이 용서받지 못할 죄를 지었다는 말로 공격할 수도 있다. 하지만 사탄의 거짓말보다 더 분명한 사실이 있다. 당신이 주께 구원을 간구한다면, 당신이 지은 죄가 당신을 죽음으로 이끌 수 없다는 것이다. 뿐만 아니라 당신이 그리스도를 영접하면, 당신의 죄가 더 이상 당신의 것이 아니라는 증거를 평생 간직하게 된다. 누구든지 그리스도를 믿기만 하면 정죄를 받지 않고 영원한 생명을 얻기 때문이다. 그리스도의 십자가에 꼭 붙어 있으라. 그러면 당신은 지옥에 떨어질 일이 절대로 없을 것이다.

하나님의 화살

내가 막 하나님을 믿기 시작했을 때, 그분은 나에게 여러 개의 화살을 쏘셨다. 그중에 가장 먼저 보내신 화살은 '하나님이 나를 보고 계신다'는 믿음이었다. 나는 이미 내가 지은 죄를 잊은 지 오래였으며, 하나님도 나의 모든 죄를 잊어버리셨으리라 생각했다. 그러나 하나님은 나의 모든 죄를 다 알고 계셨다. 나는 그 사실을 깨닫고 깜짝 놀랐다. 그러면서 하나님이 언제나 나를 보고 계신다는 것을 깨닫게 되었다.

그리고 또 하나의 화살이 날아왔다. 그 화살에는 '하나님은 마음을 살피시며, 모든 이에게 자신의 방식대로 살 수 있는 기회를 허락하시지만 각 사람의 행동에 따라 열매가 달라질 것'이라는 의미가 담겨 있었다. 그 화살을 맞고 나는 하나님이 나의 모든 생각과 동기들마저도 다 알고 계신다는 것을 깨달았다. 그분은 내가 선한 일을 하는 것으로 하나님이 아닌 나를 높이고자 할 때 내면에 있는 나의 이기심을 보셨다. 내가 악한 상상을 할 때도, 나의 마음이 환난 중에 있을 때에도, 힘들고 지쳐 낙망에 빠져 있었을 때에도 나의 모든 것을 지켜보고 계셨다.

그 후에 날아온 화살은 '죄를 지은 영혼은 반드시 죽는다'라는 내용이었다. 이 화살을 받고 나서 나는 내가 죄인이기에 죽어야만 하는 존재라는 것을 깨달았다. 율법은 자비가 없으며, 율법이 하는 일은 오직 죄를 처벌하는 것뿐이다. 따라서 율법대로라면 나는 나의 죗값을 치러야 했다. 이 화살을 받고 두려움 가운데 있을 때, 나는 끔찍한 말씀을 보게 되었다. "율법 책에 기록된 대로 모든 일을 항상 행하지 아니하는 자는 저주 아래에 있는 자라" 갈 3:10. 나는 극도로 두려워졌다. 마치 갑자기 사람의 손이 나타나 벽에 글을 쓰는 장면을 보게 된 벨사살 단 5:1 왕처럼 말이다.

그러고 나서 또 다른 화살이 날아왔다. 그 화살은 '네가 지켜야 할 계명은 너무나 광범위하다'라는 내용이었다. 나는 내가 모든 계명을 지키면 나의 모든 죄가 깨끗해질 거라고 믿었다. 그런데 "살인하지 말라" 출 20:13 는 율법 속에는 만약 내가 형제를 미워한다면, 그것은 살인한 것과 다르지 않다는 근본적인 의미가 내포되어 있음을 알게 되었다. 또 "간음하지 말라" 출 20:14는 '율법의 간음'에는 단순히 수치스러운 행동뿐만 아니라 음탕한 눈길로 다른 사람을 보는 것과 음란한 생각도 포함된다는 것을 알게 되었다. 그러자 내가 할 수 있는 일이라고는 모세가 시내 산에서 한 것처럼 "내가 심히 두렵고 떨린다" 히 12:21고 고백하는 것뿐이었다. 내 힘으로는 지킬 수 없기 때문이다.

얼마 뒤 날아온 또 다른 화살에는 '너는 내가 없이는 아무것도 할 수가 없다'는 말씀이 담겨 있었다. 그 말씀을 듣는 순간 나는 스스로 할 수 있는 게 아무것도 없음을 깨달았다. 내 안에는 나를 도울 수 있는 힘이 없었다. 스스로 기도할 수 없었고, 회개할 수도 없었으며, 믿는 것조차 불가능했다. 나 자신이 마치 내 발아래에 있는 먼지나 땅에 떨어진 메마른 나뭇잎처럼 무능하고 보잘것없게 느껴졌다.

계속되는 하나님의 화살들이 나에게 상처와 찔림을 주었을 때, 또 한 번의 끔찍한 메시지가 담긴 화살을 받았다.

"네가 나를 떠나면 너는 저주를 받게 될 것이며, 사탄과 그의 부하들이 준비한 지옥 불에 떨어질 것이다." 나는 그 화살을 받은 후, 잠들었을 때는 지옥에 서 있는 기분이었고 깨어 있을 때는 나 같은 죄인이 아직 살아 있음에 놀라워했다.

나의 두려운 마음과는 상관없이 하나님의 화살은 멈추지 않고 계속해서 날아왔다. 그리고 그 화살은 나의 고통을 가중시켰다. "너는 빛과 진리에 대항했다. 너는 은혜로운 말씀을 들었고 복음이 무엇인지 잘 안다. 네가 해야 할 일이 무엇인지도 알고 있다. 그러나 너는 너의 부모님이 눈물 흘려 기도한 것도 잊은 채 죄를 지었다." 이 메시지를 받았을 때, 주일 저녁마다 나의 어머니가 눈물로 기도하며 우리 가족의 영생을 간구하던 모습이 떠올랐다. 하지만 그럼에도 불구하고 나는 하나님께로 돌아가기를 주저했다. 바로 그때 "내가 너희에게 이르노니 심판 날에 소돔땅이 너보다 견디기 쉬우리라"마 11:24 라는 말씀이 떠올랐다. 그리고 바로 이것이 나의 영혼에 박혔다.

하나님이 우리에게 보내시는 화살들과 그 안에 담긴 메시지들은 모두 진리를 담고 있었다. 하나님은 우리 한 사람 한 사람을 보고 계신다. 그분은 우리의 마음과 동기를 읽으신다. 하나님은 죄를 심판하시는 분이시며, 그분의 말씀을 모두 다 이루실 것이다. 이에 반해 우리는 한없이 무능하여 자신을 스스로 구원할 수 없다. 만약 당신이 하나님의 진리에 대해 한 가지라도 깨닫고 있다고 느껴진다면, 당신에게 하나님이 보내신 화살이 적중했다는 뜻이다. 이는 실로 은혜로운 일이 아닐 수 없다!

하나님의 화살의 참된 의미

하나님이 보내신 화살을 맞아 고통과 고민 속에 있다면, 왜 하나님이 나에게 이것들을 보내셨는지 생각해 보아야 한다. 이 화살의 목적은 당신을 무너뜨리는 것이 아니다. 오히려 당신을 구원하고, 거짓된 자아로부터 당신을 건지시기 위한 것이다. 무엇보다 이 화살들은 당신의 마음 안에 있는 거짓된 평안을 파괴한다. 하나님은 진정한 평안 없이 "평안하세요."라고 말하는 것을 원치 않으신다. 그래서 당신의 육신적인 평안을 죽임으로써 그분의 얼굴을 구하도록 자극을 주신다. 또한 그 화살들은 당신 안의 거짓된 의로움을 파괴시킨다. 이처럼 하나님의 화살은 저주가 아니라 우리에게 큰 축복이다.

어떤 사람이 가난한 농부에게 찾아가 세상에서 가장 죽이기 힘든 것이 무엇이냐고 물었다. 당연히 '죄악된 자아'라는 답이 나올 줄 알았는데, 농부는 '의로운 자아'라고 대답했다. 이처럼 죄악된 자아보다 의로운 자아가 더 죽이기 힘든 것이다.

또한 하나님의 화살들은 당신의 힘을 없애기 위해 보내졌다. 당신이 아무것도 할 수 없을 때, 오히려 하나님은 모든 것을 하실 수 있다는 점을 기억하자. 당신이 가진 것 없어 텅 빈 상태일 때에도 하나님이 모든 것을 채워 주실 것이다. 당신은 스스로를 구원하기 위해 노력할 수 있다. 하지만 하나님은 당신에게 그 어떤 도움도 주지 않으실 것이다. 만약 그분이 당신을 구원하시려고 한다면 그분은 당신의 알파와 오메가가 되셔야만 한다. 오직 하나님만이 당신을 구원해 주실 수 있기에, 그분은 찬양받기에 합당하신 분이다!

하나님의 이름과 본성은 '사랑'이다. 그분은 당신이 낙망한 상황을 보시며 그 어떤 즐거움도 느끼지 않으신다. 하나님이 당신에게 화살을 보내시는 이유는 당신에게 상처를 주기 위함이 아니라, 당신을 선한 길로 이끄시기 위함이다. 그러므로 우리는 우리를 위해 화살을 보내신 하나님께 감사드려야 한다. 또한 우리는 그분의 화살을 통해 내 안에 남은 악과 자기 의가 모두 사라지고 우리의 영과 혼과 몸이 그리스도가 다시 오실 때까지 흠 없게 보전되기를살전 5:23 기도해야 한다.

더 나아가 하나님이 보내신 화살을 나 혼자만 받는다고 생각하지 말자. 정도의 차이는 있지만 하나님의 모든 백성들이 이와 유사한 경험을 했다. 만약 그들이 하나님의 화살을 받지 않았거나 무시했다면 그들에게는 더 큰 고통과 고난이 예정되어 있었을 것이다. 그러므로 당신이 지금 하나님의 화살로 인해 상처받고 고통가운데 있다면, 그 길을 앞서 걸어간 믿음의 조상들을 생각하며 담대히 이겨 내고 주님께 더욱 의지하자. 당신이 걸어갈 길, 혹은 지금 걷고 있는 그 길은 모든 세대에서 하늘까지 가는 순례자들이 밟은 길, 즉 왕의 대로이다.

예수님은 "수고하고 무거운 짐진 자들아 다 내게로 오라 내가 너희를 쉬게 하리라"마 11:28라고 하셨다. 이 말씀은 당신을 향한 초대의 메시지이다. 또 "오호라 너희 모든 목마른 자들아 물로 나아오라 돈 없는 자도 오라 너희는 와서 사 먹되 돈 없이, 값없이 와서 포도주와 젖을 사라"사 55:1는 말씀에서 목마른 자, 돈 없는 자는 모두 당신을 의미하며 이는 당신을 향한 하나님의 사랑과 다름없다. 그리고 우리, '원하는 자'은 누구나 그분께로 나아가 생명수를 값없이, 마음껏 먹게 될 것이다계 22:17.

만약 이러한 초대에도 불구하고 어떠한 평안도 얻을 수 없다면, 그것은 아마도 자신이 이 말씀에서 가리키고 있는 사람에 해당되지 않을까 봐 두렵기 때문일 것이다. 하지만 잊지 말자! 복음 안에서 일어나는 부르심에 예외란 없으며 모든 사람에게 그 기회가 공평하게 주어진다. 우리는 예수 그리스도를 믿고 죄를 회개하도록 초대받았다. 그 뿐만 아니라, 하나님은 바울이 아덴 사람들에게 말했던 것처럼 모든 사람들에게 회개하라고 명령하셨다행 17:30.

당신은 지금이라도 이 말씀대로 하면 된다. 천국의 문은 아직 닫히지 않았다. 당신은 이러한 사실에 감사하며 다음과 같이 기도해야 한다.

> 너희는 여호와를 만날 만한 때에 찾으라 가까이 계실 때에 그를 부르라 악인은 그의 길을, 불의한 자는 그의 생각을 버리고 여호와께로 돌아오라 그리하면 그가 긍휼히 여기시리라 우리 하나님께로 돌아오라 그가 너그럽게 용서하시리라 이사야 55:6-7.

나의 사랑하는 형제, 자매들이여! 그 무엇보다도 예수 그리스도가 "죄인을 구원하시려고 세상에 임하셨다"딤전 1:15 는 사실을 기억하자. 의롭고 선한 사람들이 아니라, 모든 생각이 죄로 가득하여 악하디 악한, 바로 우리와 같은 사람들을 위하여 예수님이 오신 것이다. 하나님은 우리가 선하기 때문에 우리를 사랑하시는 것이 아니다. 우리가 도덕적으로 완벽하기에 그리스도가 우리를 구속하신 것이 아니다. 우리가 아직 잘살고 있기에 성령님이 역사하시는 것이 아니다. 오직 다음과 같은 이유 때문이다.

> 아직 연약할 때에 기약대로 그리스도께서 경건하지 않은 자를 위하여 죽으셨도다 의인을 위하여 죽는 자가 쉽지 않고 선인을 위하여 용감히 죽는 자가 혹 있거니와 우리가 아직 죄인 되었을 때에 그리스도께서 우리를 위하여 죽으심으로 하나님께서 우리에 대한 자기의 사랑을 확증 하셨느니라 로마서 5:6-8.

이제 두 눈을 들어 십자가에 달리신 그분을 믿음의 눈으로 바라보자. 그분은 "의인으로서 불의한 자를 대신하셨으니 이는 우리를 하나님 앞으로 인도하려고 바로 그곳 십자가 위에서"벧전 3:18 죽으셨다. 그분이 고개를 떨어뜨리며 자신의 영혼을 하나님께 맡기기 전에 "다 이루었다"요 19:30고 부르짖으신 것을 생각해보자. 무엇을 다 이루셨다는 말씀일까? 바로 지옥에서 천국에 이르는 길을 뜻한다.

주님의 영광 안에서 흉악한 죄인이자 사탄의 노예였던 우리의 운명이 자유를 얻게 되었다. 그분의 능력 안에서 가장 지독한 죄도 완전히 씻어 없어지는 '구속'의 역사가 이루어졌다. 주님은 우리가 그분의 영광 안으로 들어갈 수 있도록 길을 여셨다. 그리고 이 모든 것은 갈보리 위에서 다 이루어졌다. 그러므로 당신이 지금 예수님을 믿겠다고 결단한다면, 당신은 즉시 다 이루어진 구원을 소유하게 된다.

> 나의 길들로 치우치게 하시며 내 몸을 찢으시며 나를 적막하게 하셨도다 활을 당겨 나를 화살의 과녁으로 삼으심이여 화살통의 화살들로 내 허리를 맞추셨도다. 주께서 내 심령이 평강에서 멀리 떠나게 하시니 내가 복을 내어버렸음이여 스스로 이르기를 나의 힘과 여호와께 대한 내 소망이 끊어졌다 하였도다 내 고초와 재난 곧 쑥과 담즙을 기억하소서 내 마음이 그것을 기억하고 내가 낙심이 되오나 이것을 내가 내 마음에 담아 두었더니 그것이 오히려 나의 소망이 되었사옴은 여호

와의 인자와 긍휼이 무궁하시므로 우리가 진멸되지 아니함이니이다 이것들이 아침마다 새로우니 주의 성실하심이 크시도소이다 예레미야애가 3:11-13, 17-23.

예레미야는 고난을 당하는 동안 어디에서도 위로를 받을 수 없었다. 하지만 그에게 일어난 은혜로운 변화에 주목하라. 어둡고 우울한 밤이 지나 태양이 떠오르듯이, 기쁨의 새들이 노래하기 시작하고 희망의 꽃들이 찬란한 꽃을 피우기 시작했다. 우리는 아침마다 신선한 자비를 만나고 있다! 우리가 살아 있음은 하나님이 일하신다는 증거다. 그러므로 사랑하는 성도들이여, 고통 가운데서도 그분으로부터 나오는 은혜가 있음을 기대하자.

하나님은 예수 그리스도가 다 이루신 안식에 우리를 들여보내시기 위하여 그분의 화살로 우리에게 상처를 입히셨다. 또한 놀라운 은혜로 우리를 치유하셨으며 영생의 길로 인도해 주셨다. 무엇보다 우리는 성령님을 통하여 있는 모습 그대로 은혜의 하나님을 만날 수 있게 되었다. 아멘!

Chapter. 3

사탄의 계획에 맞서는
방법

그런데 뱀은 여호와 하나님이 지으신 들짐승 중에 가장 간교하니라

_창세기 3:1

우리는 창세기 3장 1절에서 이야기 하고 있는 '들짐승 중에 가장 간교한 뱀'이 사탄이라는 것을 잘 알고 있다. 〈사마리아 오경〉Samaritan Pentateuch에는 사탄이 '뱀'이라는 단어 대신 '속이는 자' 혹은 '거짓말쟁이'로 적혀 있다. 그리고 예수님은 이 늙은 거짓말쟁이에 대해 다음과 같이 말씀하셨다.

> 너희는 너희 아비 마귀에게서 났으니 너희 아비의 욕심대로 너희도 행하고자 하느니라 그는 처음부터 살인한 자요 진리가 그 속에 없으므로 진리에 서지 못하고 거짓을 말할 때마다 제 것으로 말하나니 이는 그가 거짓말쟁이요 거짓의 아비가

되었음이라 요한복음 8:44.

이 말씀 속에서의 '살인한 자' '거짓말쟁이' '거짓의 아비'는 모두 여호와 하나님이 지으신 들짐승 중에서 가장 간교한 사탄이다. 태초에 하나님은 많은 동물들에게 기꺼이 '명석함'을 주셨다. 그리고 몇몇 동물들은 하나님이 주신 명석함에 자신의 능력을 보태어 더욱 강력해졌다. 또한 힘이 약한 동물들에게는 탁월한 지혜를 주셔서 자신들을 지키고 먹이를 찾을 수 있도록 해 주셨다. 동물들의 개체수를 유지하기 위한 하나님의 계획이었다. 하지만 사탄의 간교함은 온 땅과 그 너머에 있는 모든 것들의 명석함을 뛰어넘었다. 사탄은 사람을 포함하여 하나님이 만드신 그 어떤 피조물보다도 교활한 존재였다.

간교한 사탄이 우리를 정복할 수 있는 이유

사탄은 수준 높은 기술을 가지고 우리를 정복할 수 있다. 사탄은 무엇보다도 악한 존재이며, 자신의 악함으로 가장 교활한 속임수를 만들어 낼 수 있기 때문이다. 마치 누군가 다른 사람에게 복수를 결심하면 자신이 생각하는 것 이상으로 교활해지며, 다른 사람에게 적대감을 가지면 그를 괴롭히기 위해 수단과 방법을 가리지 않는 것과 같다. 사탄 역시 하나님이 주신 지혜를 악한 생각으로 날카롭게 갈아서 가장 교활한 존재가 되어 버렸다.

사탄은 비록 타락했지만 한때는 천사였다. 더구나 성경에 나오는 단서들로 미루어 보면 그가 천사 중에서도 매우 높은 자리에 앉아 있었음을 알 수 있다. 특별히 그의 지혜는 그 어떤 피조물보다도 탁월했다. 이러한 사실은 우리가 하늘의 도움 없이는 사탄과 맞서 싸울 수 없다는 것을 시사한다. 특히 악의에 가득 차 우리를 공격하려는 자라면 더욱 쉽지 않을 것이다.

사탄은 하와를 속였을 때부터 이미 가장 교활한 존재였으며, 오랜 세월 동안 인류를 속여 왔다. 그는 하나님이 사랑하시는 존재인 사람을 괴롭히고, 끝내 무너뜨리기 위하여 자신의 악한 생각과 능력을 계속해서 훈련시켜 왔다. 이제껏 사탄이 잘못된 길로 이끌지 않았던 죄인은 단 한 사람도 없었다. 이처럼 사탄은 유혹의 모든 기술을 숙달한 대가이다. 그 어떤 해부 전문가도 사탄처럼 사람의 속을 낱낱이 알 수는 없을 것이다. 사탄은 우리의 머리부터 발끝까지,

우리의 가장 은밀한 영역까지 속속들이 알아내어 우리를 괴롭혀 왔다.

사탄은 지금 우리 마음의 꼭대기에 서 있다. 그는 우리 마음의 가장 구석진 곳까지 조사하여 그곳을 어지럽힌다. 사탄이 들추어 낼 수 없는 인간의 본성은 없을 것이다. 사탄은 이 세상에 실재하는 가장 어리석은 존재이나, 어리석은 것들 중에서는 가장 교활한 존재이다. 하지만 그의 교활함은 지혜와는 완전히 다른 형태의, 철저한 어리석음일 뿐이다.

사랑하는 형제, 자매들이여! 나는 이제부터 사탄의 교활함과 그가 우리 영혼을 공격하는 방식에 대해 설명할 것이다. 그리고 그가 사용하는 무기들을 효과적으로 방어할 수 있는 유일한 수단인 '지혜'에 관해서 이야기할 것이다.

약점과 염려를 공격하는 사탄

내가 사탄에 대해 연구하기 시작하면서 발견한 사실은 그의 공격 방식을 통해 간악함과 교활함이 드러난다는 것이다. 사탄은 각 사람들의 성향에 맞게 그들을 공격한다.

예를 들어 조용하고 침착하며 평온한 성격의 사람이 있다면, 사탄은 그에게 불신이나 의심의 방법으로 공격하지 않는다. 오히려 그는 이런 사람들이 가진 취약점을 찾아내 자기애, 자만, 세속성과 같은 방법으로 공격한다. 또 다른 예로, 열정이 부족하고 의지가 약한 사람은 사탄이 그 안에 자긍심 또는 자만심을 불러일으키지 않는다. 오히려 그의 약점을 조사하여 그의 소명을 의심하게 만들고 낙망에 빠지도록 유도할 것이다. 왜냐하면 사탄은 그런 사람들이 특정한 공격에 대비해 영적 무장을 하고 있다는 것을 이미 알고 있기 때문이다. 사탄은 철저하고 세밀하게 우리를 조사할 것이며, 아킬레스의 발꿈치 같이 우리의 취약한 부분을 발견하면 바로 그곳을 향해 화살을 쏠 것이다.

일반적으로 사탄은 죄와 연관된, 한 사람의 가장 약한 지점을 찾아낸다. 그는 결코 강한 부분이라고 여겨지는 곳을 공격하지 않는다. 하지만 사탄이 그 어떤 공격을 해 올지라도 하나님은 전쟁의 시간과 투쟁의 때에 우리를 도우신다. 그러므로 우리는 사탄이 우리를 공격해 올 때마다 "하나님, 저를 도와주세요!"라고 외쳐야 한다. 사실 주님이 우리를 도와주시지 않으면 이 간교한 적은 우리가 입고 있는 갑옷의 허술한 부분을 쉽게 발견할 것이며, 즉시 치명적인 화살을 우리 영혼 깊숙한 곳에 쏘아서 우리가 상처를 입고 쓰러지게 만들 것이다.

사탄이 이용하는 또 다른 공격 방법은 바로 일어나지도 않을 일을 일어날 것처럼 꾸며 내어 우리를 유혹하는 것이다. 16세기 스코틀랜드의 종교개혁자 존 녹스John Knox가 죽기 전 마지막으로 받은 시험이 무엇인지 알고 있는가? 그는 '은혜로 구원받는다'는 교리에 확신을 가졌으며, 이 교리를 강단에서 크게 선포했다. 하지만 우리 영혼의 오랜 대적인 사탄은 녹스가 죽어 갈 때 바로 자기 의를 가지고 그를 공격했다. "존, 너는 끝까지 너의 주인을 섬겼어. 정말 용감해. 너는 사람들 앞에서 한 번도 기가 죽은 적이 없고, 어떤 나라의 왕을 만나든지 결코 떨지 않았어. 너 같은 사람은 스스로의 힘으로 천국에 갈 것이고, 가장 존귀한 분의 결혼식날 너는 네가 만든 옷을 입고 당당히 그 자리를 빛내게 될 거야." 그러자 존 녹스의 마음에는 자신을 유혹하는 사탄과의 끔찍한 투쟁이 일어났다.

나 역시 내가 필요로 하는 것은 모두 그분께서 채워 주셨고, 그 어떤 문제에도 마음이 요동친 적이 없었다. 그런데 이상하게도 얼마 전에 가장 두려운 유혹이 나를 엄습하고 있음을 깨달았다. 세속적 가치에 대한 염려가 밀어닥친 것이다. 나는 엎드려 신음하며 온 힘을 다해 그 유혹과 맞서 싸웠지만, 하나님의 섭리를 생각하며 그런 생각들을 지워 내는 데 오랜 시간이 걸렸다. 나는 내 안에 그러한 생각이 밀려들어 올 만한 그 어떤 작은 이유도 찾을 수 없었다. 결국 사탄이 나의 마음을 흔들어 놓은 것이다. 나는 그 뒤로 전보다 더욱 그를 싫어하고 경멸하게 되었다. 맹세하건대, 나는 사탄의 유혹이 강해질수록 더 큰 목소리로 더 자주 하나님의 진리와 복음을 전할 것이다. 그래서 사탄 왕국의 모든 기둥들을 흔들어 놓을 것이다. 지금 이 순간에도 그는 악의에 차서 일어나지도 않을 일과 우리가 생각지도 못한 사실을 은연중에 흘리며 우리를 괴롭히고 있다. 만약 당신이 사탄의 공격에 충분히 대비하지 못했다면, 그의 교묘한 속삭임을 느낄 때마다 곧바로 무시해 버리라.

오, 사랑하는 성도들이여! 우리가 투구를 쓰려고 할 때 사탄은 우리의 가슴에 불의 칼을 꽂으려 할 것이다. 우리가 갑옷을 찾는 동안 사탄은 자신의 도끼를 들어 우리의 머리를 겨냥할 것이다. 그리고 우리가 투구와 갑옷을 동시에 찾는 동안 사탄은 우리의 발을 올가미로 낚아채려 할 것이다. 사탄은 당신이 보지 못하는 곳을 뚫어지게 지켜보고 있으며, 당신이 졸고 있을 때도 그는 늘 깨어 있다. 그러므로 언제나 사탄의 접근을 경계해야 한다.

> 마귀의 간계를 능히 대적하기 위하여 하나님의 전신갑주를 입으라 에베소서 6:11.

> 근신하라 깨어라 너희 대적 마귀가 우는 사자같이 두루 다니며 삼킬 자를 찾나니 너희는 믿음을 굳건하게 하여 그를 대적하라 이는 세상에 있는 너희 형제들도 동일한 고난을 당하는 줄을 앎이라 베드로전서 5:8-9.

속임수와 거짓말로 공격하는 사탄

사탄은 이따금씩 세속적인 노래 가사나 우연히 들었던 음란한 농담을 기억나게 하는 방식으로 우리를 괴롭힌다. 하지만 이보다 더 자주 사용하는 방법은 성경 말씀으로 우리를 공격하는 것이다. 이는 마치 독수리 한 마리가 심장에 화살을 맞고 쓰러져 죽어 가다가 가슴에 꽂힌 화살을 빼내어 보니 자신의 깃털이었다는 일화와 다름없다. 이상하게 들릴지도 모르겠지만 사탄은 하나님의 말씀을 화살처럼 사용한다. 그리고 우리는 뒤늦게 이런 사실을 알고 다음과 같이 말할지도 모른다. "내가 보물처럼 아끼며 즐겨 읽던 성경 구절이 오히려 나에게 대적이 되어 돌아왔어. 하나님의 전신 갑주에서 나온 무기가 나의 영혼을 죽이는 도구가 될 줄이야!"

'기록되었으되'라는 말로 그리스도를 공격한 것처럼 마 4:6 사탄은 역시 같은 방법으로 우리를 공격해 올 것이다. 그러므로 우리는 거룩한 하나님의 말씀을 악용하거나 왜곡하여 우리를 파멸로 이끄는 사탄의 거짓말에 속아 넘어가지 않도록 조심해야 한다.

어떤 경우에 사탄은 당신의 경험을 무기로 사용할 것이다. "너는 전에 이러저러한 죄를 지었어. 그래 놓고 어떻게 네가 하나님의 자녀라고 말할 수 있어?" 또는 "너는 스스로 의로운 존재가 된 것처럼 생각하지. 그러므로 너는 천국의 상속자가 될 수 없어!"라고 말하며 당신의 방탕했던 한때 혹은 당신이 잊어버린 과거의 죄를 떠올리게 할 것이다. 이 외에도 사탄은 "네가 그리스도인이라면 탁월한 그리스도인이 되어야 하지 않겠니? 너는 몇 해 전에 정직하게 사업을 시작했지. 그러나 결국에는 경제적 손실만 보고 사업을 접어야 했어. 길 건너편에서 사업을 하는 너희 교회 성도는 부정적인 방법으로도 성공했어. 너도 그렇게 하면 큰돈을 벌 수 있을텐데 왜 하지 않는 거야? 조금만 덜 정직하게 하면 너도 성공할 텐데, 한번 해보지 그래?"라고 말하며 당신의 경험 혹은 다른 그리스도인과의 비교를 무기로 당신을 공격할 것이다.

이처럼 사탄은 당신을 공격하기 위해 어떤 무기를 사용해야 할지 잘 알고 있다. 그는 결코 당신이 그를 적대시할 만한 방법을 선택하지 않으며, 조심스러우면서도 맹렬하게 달려들 것이다. 만약 당신이 거인이며 사탄과 맞서기 위해 돌팔매를 쥐고 있다면, 사탄은 동일하게 거인의 모습으로 나서는 것이 아니라 그 돌팔매의 줄을 끊기 위해 이빨만 무장한 채로 당신 앞에 나타날 것이다. 당신이 갑옷을 입고 칼을 차고 나온다면 그는 얼른 무기를 바꾸어 치명적인 독으로 당신을 공격할 것이다. 만약 당신이 해독제를 가지고 있다면, 그는 당신 앞에 덫을 놓을 것이다. 그러나 당신이 조심성이 있는 사람이라면 그는 당신 앞에 둔 덫을 치우고 당신에게 혼란을 줄 치명적인 재난을 일으킬 것이다. 사탄이 사용하는 무기는 언제나 악하면서도 영적이고, 또 눈에 잘 보이지 않기 때문에 우리처럼 약한 존재들에게는 그의 무기가 매우 강력하게 느껴질 수밖에 없다.

　사탄은 자신의 하수인을 이용하여 우리를 공격하기도 한다. 그는 자신을 위해 일할 하수인들을 고용하여 그들을 조종한다. 삼손을 공격하기 위해 그가 사랑했던 여자 데릴라를 이용한 것처럼 말이다. 이처럼 사탄은 누군가의 아내 혹은 남편, 또는 친구나 가까운 지인을 이용하여 한 사람을 파괴한다. 다윗이 이러한 악에 대해 얼마나 애통해했는지를 기억하라.

> 나를 책망하는 자는 원수가 아니라 원수일진대 내가 참았으리라 나를 대하여 자기를 높이는 자는 나를 미워하는 자가 아니라 미워하는 자일 진대 내가 그를 피하여 숨었으리라 그는 곧 너로다 나의 동료, 나의 친구요 나의 가까운 친우로다 우리가 같이 재미있게 의논하며 무리와 함께 하여 하나님의 집 안에서 다녔다 시편 55:12-14.

　사탄은 주변 사람들로부터 상처받은 우리에게 찾아와 비아냥 거릴 것이다. "오, 너는 내가 악한 사람을 이용해 너를 괴롭힐 거라고 생각한 게 틀림없어. 그렇지? 그렇다면 아마도 너는 지금처럼 상처받지 않았을 거야. 그래서 나는 너의 철저한 파멸을 위해 네가 잘 아는 친구나 지인 중에 한 사람을 선택했어. 그는 너에게 가까이 다가갈 수 있을 뿐 아니라 여러 겹의 갑옷으로 무장한 너를 쉽게 찌를 수 있기 때문이지!"

사탄이 만약 한 목사를 괴롭히고자 한다면, 그는 그의 교회에 출석 중인 몇몇 성도들을 선택할 것이다. 그러면 그 목사는 예상치 못한 상황에 당황하여 밤에는 잠 못들고, 낮에는 불안해질 것이다. 또한 사탄이 교회 내의 어떤 집사를 괴롭히고자 한다면, 사탄은 같은 공동체 안에 있는 동료 집사를 선택할 것이다. 만약 그와 친밀한 집사가 없다면, 그와 가장 가까이에 있는 지인이나 친구를 이용해서 비열한 행동을 하게 만들 것이다.

사탄은 항상 물고기가 자주 다니는 곳에 그물을 치고, 새들이 자주 가는 곳에 덫을 놓는다. 만약 당신이 일평생을 올곧게 살아왔다고 하더라도, 당신은 단 한 잔의 술로 사탄의 유혹에 넘어갈 수도 있다. 당연한 말이지만, 사탄은 위선적인 거짓말들로 당신을 시험할 수 있다. 반드시 당신의 적이 와서 당신을 공격하거나 중상모략할 거라고 생각하지 말라. 오히려 예상치 못한 당신의 친구가 그렇게 할 수도 있다. 사탄은 자신의 하수인을 이용하는 방법마저 잘 알고 있다. 그는 당신을 공격하기에 앞서 다음과 같은 혼잣말을 할 것이다. "지금은 늑대 그대로의 모습보다 양의 옷을 입은 늑대가 그를 유혹하는데 더 효과적일 거야. 그리고 교회 밖의 사람보다 교회 안의 사람이라면 더욱 좋겠지?"

사탄의 하수인으로 선택된 자들을 보면 그들에게서 사탄이 가진 영악함과 교묘함을 읽을 수 있다. 이러한 사탄의 교묘함은 사탄이 하와를 유혹하기 위해 뱀을 선택한 것에서 알 수 있다. 하와는 분명히 뱀이 지닌 화려한 색과 외모에 반했을 것이며, 당시 뱀은 지금보다 더욱 고결한 자태를 뽐냈을 것이다. 그러므로 뱀이 허리를 곧추세운 모습으로 현란한 동작을 하며 말을 걸었을 때 하와는 기분이 좋아지고 행복했을 것이다. 뱀이 사탄의 하수인 노릇을 하기 전에, 하와와 친밀한 사이였던 피조물 중 하나였을 것임에는 의심할 여지가 없다.

당신은 사탄이 우리의 마음속에 얼마나 자주 드나드는지 잘 알고 있다. 나는 다른 사람을 향해 날카로운 말을 하고 싶을 때마다 내 안에 사탄이 들어왔음을 수없이 느꼈다. 사탄은 내 마음속에 들어와서 다음과 같이 속삭였다. "스펄전, 당신은 다른 사람에게 큰 상처를 줄 수 있어. 왜냐하면 당신은 그들을 끔찍이 사랑하고 그들은 당신을 신뢰하거든. 비록 상처는 받겠지만 당신의 질책은 그들에게 유익할 거야!" 이 말을 들은 나는 그의 유혹에 이끌려 하나님의 소중한 자녀들에게 날카로운 말을 함으로써, 그들이 스스로 잘못된 일을 하고 있는 것처럼 믿게 만들었다. 나는 뒤늦게야 나의 어리석음을 자책했다.

자기 자신은 물론이며 다른 이들을 사랑하는 당신에게 정중히 부탁하겠다. 당신이 사탄의 도구가 되어 이미 충분히 고통받고 낙망한 자들을 더욱 극심한 고통 속에 몰아넣고 실족하게 만들지 않도록 늘 경계하라!

사탄이 얼마나 교활한 존재인지는 그가 우리를 공격하는 시기에서 또 한 번 알 수 있다. 언젠가 몹시 아파서 누워 있을 때였다. 나는 자리에서 일어나면 누워 있는 동안 나를 괴롭혔던 사탄에게 그 대가를 치르게 하리라 마음먹었다. 그런데 이 겁쟁이 사탄은 내가 건강해질 때까지 기다려 주지 않았다. 오히려 낙담하고 연약해진 내 마음을 공격하여 하나님에 대한 의심의 싹을 틔웠다. 우리는 하나님의 약속이 우리 안에 살아 있고, 우리가 하나님 앞에서 기도하며 우리 안의 기쁨을 마음껏 쏟아 내고 있을 때 사탄이 우리 앞에 나타났으면 좋겠다고 생각한다. 우리가 얼마나 잘 싸우는지를 사탄에게 보여 줄 수 있기 때문이다. 하지만 사탄은 그럴 때 우리를 공격하지 않는다. 자신이 질 게 뻔하다는 사실을 알고 있기 때문이다. 그래서 사탄은 하나님과 우리 사이에 구름이 생겨 날 때까지 기다린다. 몸이 힘들고 영혼이 약해지면, 그제야 우리를 유혹하며 하나님을 불신하게 만들려고 한다.

사탄은 종종 우리가 교만해지도록 부추긴다. 그런데 우리가 아프거나 낙망했을 때에는 이런 공격을 하지 않는다. 우리가 하나님을 기쁨으로 섬기며 모든 일이 잘되고 있을 때, 바로 그때 사탄은 교만으로 우리를 유혹할 것이다. 그때가 공격 명령을 내리기에 가장 적합한 시기이기 때문이다. 사탄은 이처럼 시기를 놓치지 않고 적절한 공격을 통하여 우리에게 끔찍한 피해를 입힌다. 이는 사탄이 모든 피조물 중에서 가장 간교하다는 증거이다.

지옥의 능력 중에서 내가 언제나 놀랍게 생각하는 한 가지가 있다. 그것은 바로 사탄 무리의 단결심이다. 그리스도의 교회는 언제나 서로 분쟁하기에 바쁘다. 하지만 사탄과 그의 공모자들이 싸운다는 이야기를 들어 본 적이 없다. 사탄과 그의 공모자들은 거대한 공동체이다. 그들은 언제나 놀라울 정도로 의견 일치를 보이고, 항상 대동단결한다. 그 어떤 때라도 지옥의 검은 군주가 특정한 시간에 자신의 군사들에게 집중된 힘을 보일 것을 요구하면 그들은 시계바늘처럼 정확하게 그 일을 이루어 낸다. 사탄은 자신이 이길 수 있다고 확신하는 때에 무리의 힘을 총동원하여 우리를 공격한다. 만약 교회가 하나님의 능력으로 인도하심을 받아 그와 같은 일치단결을 이루어 낼 수 있다면, 악의 세력에 강력한 공격을 할 수 있을 것이다. 그렇게 되면 얼마나 크고 대단한 승리를 쟁취해 낼 수 있을까? 그러나 불행하게도 사탄의 무리는 우리의 결속력을 능가하고 있다. 또한 그는 공격할 시간을 적절하게 선택하는 간교함도 가지고 있다.

앞서 말했던 사탄의 공격 방식들 외에 추가로 이야기할 것이 있다. 사탄이 우리를 떠난 것처럼 느껴질 때가 있는데, 이것 역시 그의 간교한 계략이라는 것이다. 내가 교회에 처음 등록했을 때, 한 노인이 나에게 다가와 앞으로 내가 겪게 될 유혹과 고난들이 이제껏 겪어 온 것들보다 지독할 거라고 말했다. 덧붙여서 그분은 내가 잠자는 마귀보다 울부짖는 마귀를 상대하는 것이 더 쉬울 거라고 말했다. 그 말을 처음 들었을 때 나는 그게 무슨 뜻인지 전혀 알지 못했지만 이제는 이해하게 되었다. 당신도 사탄의 폭동이 머리 위를 지나가는 것보다 반역을 품은 고요함이 더 무섭다는 것을 이해하게 될 것이다.

 반역을 품은 고요함은 당신이 눈치채려 해도 정확하게 감지해 낼 수 없는 상태이다. 의심이 되기는 하지만 오히려 이때가 더 큰 일을 이룰 수 있는 기회라고 생각하거나, 철저하게 낙심했을 때에도 실제로는 이전과 다를 바 없다고 느끼게 될 것이다. '내가 이렇게 한다고 해서 지옥에 가는 것은 아니지. 어떤 일이 일어날지 알 수 없어 두렵고, 지금 내가 안전하다고 말할 수는 없지만, 분명한 것은 내가 하늘의 상속자라는 거야. 사실 내가 지금 하려고 하는 것이 하나님과 관련된 일이라고 할 수 있고 나도 그 일을 사랑한다고 느끼지만, 그것이 분명 하나님의 일이라는 확신은 없어. 마치 눈먼 말이 그저 앞으로 가는 것처럼, 나 역시 앞으로 가다 보면 내가 해야만 하는 일의 근처에 이를 수 있을 거라 생각해. 나는 성경을 읽고 있지만 특별히 감동을 받지는 못하고 있어. 솔직히 나에게는 거기에 적힌 어떤 약속도 필요 없는 것 같아. 심지어 경고의 말씀까지 내게는 별로 두려움으로 다가오지 않더군. 목사님의 설교를 들으며 감동을 느끼기는 하지만 내가 무언가를 해야겠다는 강한 도전은 받지 못하고 있어. 기도 없이는 살 수 없을 것 같으면서도 꼭 기도를 해야겠다는 마음은 들지 않아. 나는 일부러 죄를 짓지는 않아. 겉으로 볼 때 비난받을 정도의 삶은 아니야. 다만 내가 슬픈 이유는 마음이 삭막하고, 영적인 기쁨과 감동이 없다는 것이지. 마치 콜리지 Samuel Taylor Coleridge(영국의 낭만파 시인)가 남긴 늙은 뱃사람의 노래에 나오는, 그 무서운 고요함과 같이 내 영혼 이 죽은 자처럼 적막하다는 거야.'

> 가장 깊은 그곳이 썩어 버렸네,
> 아, 절대 그렇게 되어서는 안 되는데!
> 그래, 그 끈적끈적한 것들이 기어 올라왔구나
> 그 끈적끈적한 바다 위로 말이야!

사랑하는 성도들이여, 우리는 이를 통하여 중요한 교훈을 얻을 수 있다. 바로 유혹을 받는 것보다 유혹을 받지 않는 것처럼 느끼는 상태가 더 나쁘다는 것이다! 나는 사탄의 공격에 어쩔 수 없이 넘어졌던 때가 많았다. 그러나 나는 사탄의 유혹에 대항함으로써 나에게 주어질 선함을 위해 끝까지 일어나 싸웠다.

존 번연의 《천로역정》에서 사탄이 가장 활발하게 활동하는 곳은 바로 '겸손의 계곡'이다. 마법에 걸린 땅에서는 순례자들이 모두 술에 취해 돛대의 가장 높은 곳에서 잠을 자고 있었다. 그리고 사탄은 그들을 내버려 두었다. 그곳에서는 사탄이 할 일이 없었다. 하지만 겸손의 계곡에서는 달랐다. 사탄은 그곳에서 불쌍한 그리스도인과 치열한 싸움을 했다. 만약 당신이 게으름, 무관심, 그리고 잠의 마법에 걸린 땅을 지나가게 된다면, 우리 마음의 고요함 속에서 우리를 혼미하게 하는 사탄의 교활함에 대해 이해하게 될 것이다.

사탄을 대적하는 방법

우리 모두는 천국에 들어가기를 간절히 원하지만, 가만히 앉아서는 그렇게 할 수 없다. 파괴의 도시가 우리 뒤에 있으며, 죽음이 우리를 추격하고 있다. 우리는 천국을 향해 열정을 품지만 그 길 가운데는 '우리를 삼키려는 울부짖는 사자'가 서 있다. 그렇다면 우리는 무엇을 해야 하고, 어떻게 그와 맞서 싸워 이길 수 있을까? 우리가 그처럼 교활해져야 하는 것인가? 하지만 그것은 어리석은 방법이다. 죄인이 되는 것과 다름없기 때문이다. 사악한 마귀처럼 교활해지기를 꿈꾸다가는 결국 모든 것을 망치고 말 것이다. 그렇다면 우리의 '지혜'로 그를 공격하면 되지 않을까? 그러나 애석하게도 우리의 지혜는 어리석기 그지없다. 욥기의 말씀처럼 허망한 사람은 지각이 없어서 아무리 최선을 다해 보아도 사탄 앞에서 들나귀 새끼 정도에 지나지 않을 것이다욥 11:12. 그렇다면 도대체 우리는 무엇을, 어떻게 해야 할까?

사탄의 교활함을 물리칠 수 있는 유일한 방법은 바로 진정한 지혜를 얻는 것이다. 다시 한 번 말하지만, 사람은 스스로 그 지혜를 얻을 수 없다. 만약 당신이 진정한 지혜로 무장하여 사탄과 대적하기를 원한다면, 매일 성경 말씀을 읽으며 그 말씀을 내 삶의 안식처로 삼아야 한다. 그리고 이 거룩한 하나님의 말씀으로부터 당신의 무기와 병기를 얻어야 한다. 하나님 말씀 안에 담긴 영광스러운 진리를 굳게 붙잡고, 그 말씀들을 우리의 일용할 양식으로 삼아야 한다. 그러면 당신은 사탄과 대적할 수 있을 만큼 강해지고 사탄이 당신으로부터 도망치는 기쁨을 누리게 될 것이다. "청년이 무엇으로 그 행실을 깨끗하게 하리이까?"라는 질문의 대답이 "주의 말씀만 지킬 따름이다"시 119:9인 것처럼 우리 역시 기록된 하나님의 말씀을 언제나 붙들고 사탄과 맞서 싸우자. 사탄과 싸울 때 성경 말씀보다 강력한 무기는 없다! 목검처럼 쉽게 부러지는 인간의 이성을 가지고 사탄과 싸운다면 당신은 허망하게 패배할 것이다. 하지만 하나님의 말씀으로 무장한 예루살렘의 칼을 사용한다면 사탄에게 상처를 줄 수 있을 것이며, 승리가 보장된 싸움을 하게 될 것이다!

사탄과 싸워 이기려면 계시된 지혜, 곧 성경 말씀뿐만 아니라 성육하신 지혜, 곧 예수 그리스도를 바라보아야 한다. 오, 사랑하는 성도들이여! 시험당하는 모든 영혼이 거할 최고의 안식처가 예수 그리스도 안에 있다. 우리는 "하나님으로부터 나와서 우리에게 지혜와 의로움과 거룩함과 구원함 이고전 1:30" 되신 그분께로 달려가야 한다. 바로 그 예수님이 우리를 가르치시고, 우리를 인도하시며, 우리의 모든 것을 채워 주실 것이다. 우리는 늘 그분 가까이에 있어야 한다. 선한 목자 가까이에 있는 양은 언제나 늑대의 위협으로부터 안전하다. 우리 역시 구세주의 품에 안겨 있을 때, 사탄의 화살로부터 가장 안전할 것이다.

성도들이여, 예수님이 보여 주신 본을 따라 살아가자! 매일 그분과의 교제를 누리며, 언제나 그분의 피를 신뢰하는 삶을 살다 보면 당신은 승리자가 되어 사탄의 간악함과 교활함을 극복하게 될 것이다. 그리고 사탄이 성도들을 괴롭히기 위하여 세웠던 모든 계획들이 수포로 돌아갈 때 우리는 진정한 기쁨을 맛보게 될 것이다. 당신은 모든 시험이 끝나고 천국에 있을 그날이 기다려지지 않는가? 천국에서 지옥으로 떨어진 사탄을 거룩한 웃음과 조소 띤 얼굴로 바라보고 싶지 않은가? 아마도 당신은 사탄의 몰락을 보면서 사탄의 공격에 인간적인 방법으로 대항하여 실패했던 기억들이 떠오를 것이다.

지난 수천 년간 사탄이 한 일이 무엇인지 아는가? 그는 하나님과 그분의 교회에 대항하여 고집 센 종으로 살아왔다. 사탄은 항상 생명나무를 찾아 없애고자 했다. 하지만 그가 생명나무를 뽑으려 할수록 나무의 뿌리는 더 깊게, 더 넓게 퍼져 갔다. 사탄은 도끼로 생명나무를 잘라 내어 아름다움을 망치려 했지만 하나님은 정원 가위로 가지치기를 하셨고, 결국에는 더 풍성한 열매를 맺게 되었다.

옛날에 그리스도의 교회는 좁은 골짜기를 타고 흐르는 실개천에 불과했다. 그저 몇 명의 성도들만이 예루살렘에 모여 있었기 때문에 사탄은 '내가 큰 돌로 저 실개천을 막아 물이 흐르지 못하게 해야겠다'고 생각했을 것이다. 하지만 사탄이 한 일은 그의 의도와는 반대로 그 물줄기를 세상에 퍼져나가게 했고, 흩어진 물방울은 새로운 물의 근원이 되었다. 그가 사용한 돌은 다름 아닌 '박해'였다. 박해로 인해 성도들은 흩어졌으며, 교회의 수는 배가 되었다. 결국 사탄은 패배한 것이다.

그리스도인이여, 사탄이 당신을 공격할 때마다 큰 목소리로 사탄에게 다음과 같이 선포하자. 우리가 사탄의 말이 아닌 믿음 위에 굳게 선다면, 우리는 반드시 승리할 것이다! 아멘!

사탄아, 내가 너에게 할 말이 있다! 너는 숨 쉬며 살아가는 존재들 중에 가장 어리석은 자다. 너와 내가 하나님의 심판대 앞에 서로 대적이 되어서는 날, 내가 그것을 너에게 증명할 것이다!

Chapter. 4

영적 순례자들과
전사들을 위한 신발

평안의 복음이 준비한 것으로 신을 신고

_에베소서 6:15

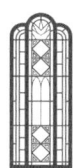

그리스도인은 하나님의 발자취를 따라가도록 예비된 사람들이다. 그리스도인의 머리에는 투구가 씌어져 있어 사려 깊게 생각해야 하고, 가슴에는 흉배가 있어 깨어 있는 감각을 느껴야 하며, 그의 모든 몸은 방패로 보호되어 있기에 매사 인내하고 주의해야 한다. 또한 그리스도인들은 하나님의 복음을 전할 활동적인 존재가 되어야 하기에 그들의 손에는 유용한 칼이 주어지고 그들의 발에는 신발이 예비되어 있다. 그리스도인들이 움직임이 전혀 없는 기둥이나 돌 같은 모습을 하고 있다고 상상해 보라. 혹은 몽상에 잠긴 것처럼 축 늘어진 버드나무 가지나, 바람에 흔들리는 갈대 같은 모습으로 살아간다면 이는 잘못된 것이다! 하나님은 우리 안에서 역사하시며 그분의 은혜는 우리를 구원하고, 우리 삶을 평안하게 하는 위대한 동력이다.

하나님은 우리를 마춰시키신 후 무의식적으로 그분께 복종하라고 하지 않으신다. 그분은 선한 일을 행할 의지와 힘을 우리 안에 불어넣어 주시고, 우리의 모든 실제적인 삶을 협력하시고 조정하신다. 주님의 은혜는 우리에게 건강한 삶을 누리게 하며, 건강한 삶은 우리의 행동을 통해 드러난다. 주님은 결코 자기 백성이 시계속 부품처럼 기계적으로 움직이는 것을 원치 않으신다. 하나님은 우리에게 풍성한 생명을 주셨고, 그 생명 안에 있는 능력으로 우리는 충만한 삶을 살아간다. 주님은 우리를 푸른 초장으로 인도하시기도 하며, 고요한 물가로 인도하시기도 한다. 진짜 그리스도인은 주님의 뜻에 따라 행동하는 사람이다. 그래서 그의 발에는 신발이 신겨져 있다.

그리스도인이 영적 신발을 신어야 하는 이유

무조건 앞만 보고 걸어가는 사람은 돌에 걸려 넘어지기

마련이며, 혹독한 전쟁터로 달려 나가는 전사는 적군의 공격을 받기 쉽다. 그러므로 우리는 여러 가지 위험에서 우리를 보호해 줄 신발을 신어야 한다. 매사 적극적이고 의욕적인 그리스도인은 다른 이들이 경험해 보지 못한 유혹과 마주하게 된다. 이와 반대로 게으른 그리스도인은 위험에 처할 가능성이 적다. 그들은 이미 본인들이 위험한 단계를 뛰어넘었다고 생각한다. 사탄 역시 그들을 유혹할 필요가 없다. 다만 그들이 더 많은 죄를 짓도록 자극함으로써 썩어 가는 육신에 독수리들이 모여들도록 할 뿐이다.

하지만 맛깔나고 탐스러운 열매를 맺는 나무에는 온갖 새들이 날아오는 것처럼 열정적으로 그리스도의 삶을 따르는 성도들은 분명히 사탄의 공격을 받게 되어 있다. 사탄이 이런 사람들을 최대의 적으로 인식하기 때문이다. 그들의 영향력이 적지 않다는 것을 알기 때문에 사탄은 이런 성도들을 더 집요하게 공격한다. 어둠의 권세를 잡은 사탄은 선한 사람들의 성품을 망쳐 놓고, 하나님과의 관계를 파괴하여 그 사람의 순전한 믿음을 무너뜨린다. 그런 다음에는 교만한 마음을 불어넣거나 성공할 수 있는 일을 고의로 실패하도록 만들어 그를 낙심하게 한다.

사탄은 자신이 할 수 있는 모든 방법을 동원하여 우리의 발뒤꿈치에 상처를 입히거나 덫을 놓아 우리를 불구로 만들지도 모른다. 이 모든 위험들 때문에 그리스도를 따르는 성도들에게는 복음이라는 신발, 곧 만군의 하나님을 섬기는 영적 전사들만을 위한 신발이 주어진다. 앞으로 우리는 복음의 신발에 대해 자세히 알아보고, 그 신발을 직접 신어 볼 것이다.

복음의 신발

복음의 신발에 대해 자세히 알게 되면 여러분은 아마도 이 신발이 복되신 창조주로부터 온 것임을 발견하고 기뻐하게 될 것이다. 복음 안에 있는 무기이며 성도들을 보호하기 위해 제작된 이 신발은 무궁무진한 기술과 지혜가 발현된 하나님의 걸작품이다. 그러므로 우리는 평안의 복음으로 예비된 신발을 신을 수 있음에 감사해야 한다. 하나님의 구원을 투구로 쓴 사람이 인간이 만든 신발을 신는 것은 전혀 어울리지 않는다. 이는 마치 성령으로 시작하여 육체로 마무리하는 것처럼 이상한 모습이다. 우리는 한 군주가 꿈에서 본 것처럼^{단 3:32-33} 머리는 순금을 하고 있지만 발의

한 부분은 철로 되어 있으며, 다른 부분은 진흙으로 된 모습을 해서는 안 된다. 감사하게도 우리의 창조주는 우리에게 단점 하나 없는 최고의 전신갑주를 만들어 주셨다!

복음의 신발에 사용된 재료

복음의 신발이 최고의 재료로 만들어졌다는 것을 알게 된다면 아마 여러분은 무척 기뻐할 것이다. 여기서 말하는 최고의 재료는 바로 '평안의 복음'이다. 평안의 복음과 그 복음 안에서 솟아나는 평화보다 더 좋은 재료가 어디에 있겠는가? 우리는 이 복음을 믿는다. 이 복음은 영원 전부터 하나님이 계획하셨고, 하나님의 무한한 지혜로 지어졌으며, 그 어떤 희생보다도 고결한 예수님의 피를 대가로 지불하여 성취되었고, 성령님의 무한한 능력으로 완성된 것이다. 이것이 복음의 충만한 축복이다. 복음은 그 누구도 값을 매길 수 없을 만큼 비싸다. 그 어떤 것으로도 살 수 없다. 그렇기에 공짜로 주어졌다. 영원불변한 이 복음은 그 어떤 지혜로도 완전히 이해할 수 없으며, 우리들 중 그 누구도 복음에 합당한 찬양을 올릴 수 없다. 이 고결한 복음으로부터 나오는 고결한 것들 중에서 최고는 바로 '평안'이다. 그리고 성도들에게 예비된 신발은 바로 이 평안으로부터 나온 것이다. 그 신발을 신은 성도는 사자와 뱀을 무사히 밟고 지나갈 수 있으며, 악의로 가득 찬 말들과 중상모략과 박해의 맹렬한 불꽃 위를 지날 수 있다. 이 신발보다 우리 영혼에 필요한 것이 무엇이겠는가?

평안은 우리의 심령이 그분을 바라보도록 준비시키고, 온전한 지식이 솟아나는 생명을 얻게 하고, 우리 영혼이 복음을 경험하며 기뻐하게 한다. 이처럼 하나님과 함께하는 온전한 평안은 우리가 사는 전 생애를 통틀어서 가장 위대한 것이다.

성자 예수님의 죽음으로 인해 우리는 하나님과 화목하게 되었고, 하나님과 사람 사이에 막혀 있던 담이 무너졌으니 이제 우리는 행복한 순례자가 될 수 있다. 주님이 한 번 우리를 바라보시는 것만으로도 우리는 영원토록 그분의 시선 안에 머물게 된다. 그분의 온전하신 대속의 은혜 덕분에 우리는 모든 위급한 상황에서 보호를 받으며 한평생을 두려움 없이 살게 되었다. 따라서 우리는 물과 불이든, 가시와 엉겅퀴든, 숲이든 가시밭이든 두려움 없이 돌진할 수 있다. 하나님의 평안을 가진 사람은 육신의 병과 사망이 두렵지 않다. 가난이나 질병이나 박해나 그 어떤 고통도 우리가 죄에서 용서받는 순간 우리에 대한 영향력을 잃어버리기 때문이다. 두려움에 떨 수밖에 없던 인생이 심판주가 되시는 하나님의 분노로부터, 그 어떤 고통으로부터 자유를 얻었다는 것을 알게 된다면 어떤 일이 벌어질까? 오직 하나님의 손에 모든 것이 달려 있으며, 그분은 영원토록 선하신 분이라는 진리에 대한 믿음이 그의 인생에 남을 것이다.

이런 우리에게 주어진 것이 평안의 복음으로 예비된 신발이다. 이것은 골리앗의 다리를 감싼, 놋으로 만든 갑옷보다 훨씬 더 강력하다. 이 신발을 신은 성도들은 마치 포도주 틀에서 포도를 밟듯이 적군을 짓밟을 수 있다. 이 신발은 성도들을 세상의 높은 곳에 우뚝 세울 것이며 성도들의 발이 미끄러지지 않도록 지켜 줄 것이다. 아킬레스는 그의 발꿈치에 치명적인 상처를 입었으나, 대속의 피로 화목을 이룬 신발은 한 치의 허점도 없기에 어떤 화살이라도 이 신발을 신은 성도들의 발꿈치를 찌를 수 없을 것이다. 많은 전사들이 행군 중에 지쳐 대열에서 낙오하지만, 하나님이 세워 올리신 사람들은 그 어떤 피로도 느끼지 못할 것이다. 그분의 힘이 날마다 그를 새롭게 하기 때문이다.

평안의 복음을 누리라

평안의 복음으로 예비되었다는 것은 믿음으로 의롭게 되었을 때 이루어지는 평안, 그 이상을 의미한다. 만약 우리가 온전한 위로를 누리고자 한다면, 우리는 영원불변하신 하나님과의 교제로부터 솟아나오는 더 높은 수준의 평안을 추구해야만 한다. 즉, 그분의 자녀라는 자신의 존재감을 느끼기 위해 기도해야 하며, 하나님과의 새로운 관계로부터 오는 온전한 기쁨 안에 머물기 위해서 기도해야 한다.

하나님의 자녀가 된 우리는 이제 정죄를 당하거나 버림을 받지 않게 되었다. 하지만 우리는 종종 하늘 아버지를 크게 실망시켜 드릴 수도 있다. 그리고 때로는 그분이 우리에게 일어날 사고를 방지하기 위하여 인상을 쓰며 매를 드실 수도 있다. 무엇보다 하나님의 임재가 사라지는 순간, 삶은 매우 고통스러운 '광야'로 변한다. 주님을 사랑하면 할수록, 잠시라도 주님과의 교제가 의심스러운 상황이 온다면 더 큰 고통을 느끼게 될 것이다. 만약 이런 상황에 처했다면 하늘 아버지와의 관계가 충분히 회복될 때까지 그 고통이 계속된다.

오, 하나님의 자녀들이여! 당신이 하나님과 지속적으로

교제하지 않는다면, 그 길에 있는 엉겅퀴들이 당신의 발을 금세 찢어 놓을 것이다. 하나님과의 교제에 문제가 생겼을 때 아담이 자신의 벌거벗음을 발견했듯이, 예수님과의 교제가 끊어지면 우리 역시 아담처럼 될 것이다. 세상의 매력에 눈이 멀어 무턱대고 달려 나간다면, 우리는 곧 수많은 슬픔과 날카로운 아픔에 찔려 피를 흘리게 될 것이다. 이처럼 세상이 기다리고 있는 것은 상처와 시험과 상실과 혼란스러움뿐이다. 그러나 우리가 지속적으로 예수님과 좋은 관계를 유지하고, 그분을 기쁘시게 해 드리면 우리의 마음은 평안으로 가득 할 것이다. 우리가 하나님의 뜻을 주의 깊게 살핀다면 천국을 향해 가는 것만이 유일한 기쁨의 길이라는 사실을 깨닫게 될 것이다.

우리가 천국으로 가는 순례의 길은 매우 거친 길이 될 것이며, 핍박과 고난이 끊임없이 이어질 것이다. 하지만 우리의 약함 가운데서도 주님께 모든 영광을 돌리며, 고난 가운데 하나님 아버지를 찬송하고, 고통 중에 승리를 선포하면서 나아갈 때 우리는 우리의 내면을 주장하시는 그분을 통해 언제나 평안할 것이다. 또 우리가 주님을 의지할 때 주님은 우리에게 그 어떤 해로움도 미치지 못하도록 우리를 지켜 주실 것이다. 이를 통해 나와 여러분은 하나님의 사랑을 누리고 그분이 주시는 충만한 평안을 경험하게 될 것이다. 그러므로 우리의 인생길에 준비된 하나님의 사랑과 평안을 마음껏 누리기 위해서는 복음의 신발을 신어야 한다! 그리고 복음의 신발을 신은 우리의 마음을 하나로 합한다면 우리는 하나님의 거룩하신 뜻을 이루게 될 것이다.

하나님의 자녀들 중 일부는 그분이 주시는 평화를 누리지 못한다. 그 이유는 그들이 온전히 하나님 말씀에 순종하지 않기 때문이다. 하나님께 순종하지 않는 사람들에게 순례의 길은 고통스러운 길이 될 수밖에 없으며, 그 무엇도 그들에게 기쁨이 되지 못할 것이다. 그들은 오로지 불평과 짜증만을 늘어놓게 될지도 모른다. 하지만 자신을 십자가에 못 박고 모든 자신의 의를 하나님 앞에 내려놓는 사람들은 가장 험한 길에서도 즐거움을 누리게 될 것이다. 그들은 무슨 일을 당하더라도 "맞습니다. 이렇게 된 것이 아버지의 뜻입니다!"눅 10:21 라고 말하며 어떤 길에서든, 어떤 상황에서든 염려치 않고 전진할 것이다. 온전히 하나님의 뜻에 합한 성도들은 그 어떤 상황에서도 상처받지 않을 것이며, 패배하지도 않을 것이기에 "그 중에 곤핍하여 넘어지는 자도 없을 것이며 조는 자나 자는 자도 없을 것이며 그들의 허리띠는 풀리지 아니하며 그들의 들메끈은 끊어지지 아니할 것이다"사 5:27.

> 세상에 속한 그 무엇으로도 그들을 붙잡을 수 없다.
> 그들의 여정은 결정되었고, 그들은 걸어간다.
> 기쁨이 닥치든, 슬픔이 닥치든 동일한 태도로 그들이 전진하니,
> 온전한 승리가 예수님의 이름에 있도다.

성도의 마음과 하나님의 마음이 온전하게 하나가 될 때에 그리스도인들에게서 아름다운 성품이 드러날 것이다. 그리고 바로 그때에 하늘 아버지가 다음과 같이 말씀하실 것이다. "귀한 자의 딸 아 신을 신은 네 발이 어찌 그리 아름다운가 네 넓적다리는 둥글어서 숙련공의 손이 만든 구슬꿰미 같구나"아 7:1. 또한 신랑 되신 주님께서는 "그의 발은 풀무불에 단련한 빛난 주석 같고 그의 음성은 많은 물소리와 같다"계 1:15 라고 말씀하실 것이다. 우리가 성경에서 읽은 것처럼 신부된 교회는 환난 중에서도 밝고 영광스럽게 빛날 것이며, 주님의 뜻 안에서 온전한 복음의 신발을 신고 있으면 우리는 순례의 길에 놓인 온갖 어려움과 시험을 이겨 낼 수 있을 것이다. 하나님의 뜻임을 알고 당하는 고통은 괴로움이 아니라 즐거움이기 때문이다. 고통 가운데 모

든 것을 체념하기보다 온전히 주님께 순종하는 편이 훨씬 지혜로우며, 그럴 때 우리는 더 큰 행복을 누릴 수 있다.

주님이 주신 복음의 신발은 은으로 만든 신발보다도 귀하며, 온갖 보석으로 치장한 신발보다도 아름답다. 복음의 신발 외에 그 어떤 신발도 하나님의 마음에 합하지 못할 것이며, 복음의 신발을 신고 하나님의 뜻과 일치된 삶을 살아가는 것보다 영광스러운 것은 없다. 주님이 주시는 평안으로 가득한 이 복음의 신발은 약속의 땅으로 향하는 우리의 순례길에서 가장 유용한 도움을 줄 것이며, 그 신발을 신은 사람은 험한 바위산도, 질척한 진흙탕도, 따가운 가시밭길도 두려움 없이 발걸음을 내딛게 될 것이다!

내면의 평화를 이루는 평안의 복음

평안의 복음은 우리와 하나님과의 관계를 평화롭고 친밀하게 할 뿐만 아니라 우리 내면의 평화를 이루게 한다. 한 국가나 사회 내부에서 일어나는 내전이 전쟁 중에서도 가장 최악의 전쟁으로 손꼽히듯이, 사람이 자기 내면과 불화하는 것 역시 최악의 전쟁이나 다름없다. 순례의 길에서 그리스도인이 당하는 최악의 순간은 자신의 내면에서 내전이 일어나는 것이다. 만약 그가 자기 자신과 불화한다면 그는 결코 평안과 행복을 누리지 못할 것이다. 내가 저녁마다 부르는 기도문 찬송은 바로 이 문제를 적실하게 표현한다.

이 세상에 나와 나 자신이라는 네가 있도다.
내가 잘 때마다, 이 둘 사이에 평화가 머물기를!

우리 내면이 평화를 이루는 것은 매우 중요하다. 스스로를 비난하는 것만큼 비참한 상황은 없다. 자기 자신의 양심을 속일 때마다 그는 그것에 대한 변명을 늘어놓기 위해 마음이 분주해지지 않겠는가? 많은 성도들이 습관적으로 하나님의 말씀에 어긋난 행동을 하고, 그분의 법에 따르는 것을 불편해한다. 이는 우려할 만한 일이다. 우리는 각자의 눈을 성경 말씀에 고정시켜야 한다. 그렇지 않으면 자신의 양심이 마음을 콕콕 찌를 것이다. 또한 이런 상태로 순례의 길을 가는 것은 마치 맨발로 숲속을 걷는 것과 같다. 만약 당신이 자신의 심령에 만족을 주지 못하면서도 스스로 괜찮다고 생각한다면, 당신은 비참한 길을 가고 있는 것이어서 빨리 더 나은 방향으로 진로를 바꾸어야만 한다.

우리 중에 누구라도 살아 계신 하나님 앞에서 "나는 내가 하려는 모든 일이 옳다고 믿으며, 나는 어떤 상황 가운데서도 거룩하신 하나님을 믿고 의지한다!"라고 말할 수 있다면 그는 빠른 걸음으로 순례의 길에 나아갈 수 있을 것이다. 그는 거친 길을 걸을 때에도 웃으면서 나아갈 수 있으며 순례의 길을 끝까지 즐겁게 완주할 것이다. 우리의 삶이 올바른가에 대해 도전받는 것은 우리를 맨발이 되게 하는 것이지만, 양심의 평안함은 우리에게 좋은 신발이 되어 줄 것이다.

그 무엇이 우리를 막아설지라도 우리가 주님을 경외하는 마음을 잃지 않고, 그분 말씀에 순종한다면 우리는 평안함을 가지고 믿음의 땅으로 한 걸음씩 내딛을 수 있을 것이다. 우리는 죄로 인해 환난에 빠지지 않을 것이며, 금지된 일을 함으로써 우리의 기쁨을 잃지 않을 것이기 때문이다. 우리가 하나님 나라에 대한 열망 때문에 그 어떤 어려움 가운데 처하게 되더라도 우리는 주님이 우리를 건져 주신다는 기대감을 가지고 자신의 마음을 하나님 앞에 내어놓을 수 있다. 그래서 성경에 "여호와께서 사람의 걸음을 정하시고 그의 길을 기뻐하시나니, 그의 마음에는 하나님의 법이 있으니 그의 걸음은 실족함이 없으리로다"시 37:23, 31라는 말씀이 기록되어 있는 것이다. 당신이 모든 상황 가운데 하나님을 향해서든 사람을 향해서든 양심을 지켜 죄를 짓지 않는다면 하나님의 고결함과 의로움이 당신을 보호하며 당신의 가는 길을 견고하게 해 줄 것이다. 또한 "그가 그의 거룩한 자들의 발을 지키실 것"삼상 2:9이다.

그가 너를 위하여 그의 천사들을 명령하사 네 모든 길에서 너를 지키게 하심이라 그들이 그들의 손으로 너를 붙들어 발이 돌에 부딪히지 아니하게 하리로다 시편 91:11-12.

다른 사람들을 향한 평안의 복음

삶의 미로를 통과해 가는 동안 평안의 복음으로 예비된 또 다른 '무언가'가 우리를 도와줄 것이다. 바로 지체들과의 '평화'이다. 평안의 복음은 주변 사람과의 관계가 친밀해지도록 이끌어 준다. 그러나 때로는 이런 관계를 맺지 못하도록 훼방을 놓는 사람들이 있다. 심지어 믿음이 좋은 성도들이 그런 역할을 할 때도 있다. 이처럼 우리가 모든 사람들과 화목하지는 못하겠지만, 적어도 우리 곁에 있는 사람들과는 평화를 유지해야 한다. 관계가 올바르게 유지될 때 커다란 불화나 마찰이 일어나지 않기 때문이다. 만약 날마다 잠자리에 들면서 "오늘은 내가 그리스도의 몸된 다른 지체들과 그 어떤 마찰 없이 잘 지냈어. 나는 그들 모두가 잘되기를 바라며, 온 마음 다해 그들 모두를 사랑해"라는 생각이 든다면 참으로 감사한 일이다. 이러한 상태는 우리가 매일같이 경험하는 논쟁의 돌밭길과 편견의 가시밭길을 넘어 아름답고 바른길로 가도록 이끌 것이다.

만약 우리가 평안의 복음 안에 있는 참된 영으로 예비되어 있다면 온갖 신학적 논쟁과 교회 안의 다툼들은 완전히 사라질 것이다. 주변 사람들을 부정적으로 바라보는 태도를 버리는 것은 자신의 발에 꼭 맞는 신발을 신는 것과 같아서 수많은 가시들로부터 자신을 보호할 수 있다. 그러므로 예수님이 우리에게 주신 복음의 신발을 교회에서 신고, 모든 예배 시간에 신고, 모든 사람들과 교제할 때도 신자! 당신은 당신의 길이 많은 사람들 사이에서 평탄하게 열리는 것을 발견하게 될 것이다. 그리고 당신은 머지않아 주변 사람들의 사랑과 존경을 받게 될 것이며, 당신의 길을 방해했던 반대 세력과 그들의 질투를 피하게 될 것이다!

이 평안의 신발끈을 잘 묶은 다음 주변 사람들과 함께 순례의 여정을 떠나자. "할 수 있거든 너희로서는 모든 사람과 더불어 화목하라" 롬 12:18는 말씀 그대로 이 세상 모든 사람과 화목하게 지내는 것이 불가능하다 할지라도, 이 말씀을 목표로 삼고 매일같이 노력하자. 신앙이 없는 사람들은 당신에게 마음을 열지 않을 수도 있다. 왜냐하면 그들은 아직 육적인 존재이기 때문이다. 하지만 지금 당장 당신이 그들을 도울 수 없다 하더라도 그들을 계속해서 사랑해야 한다. 그러다 보면 당신은 그들의 영혼을 구하게 될 것이며, 그들은 점점 당신과 주님 모두를 사랑하게 될 것이다. 만약 그들이 당신을 멀리하더라도 그들에게 끊임없이 베풀며 그리스도의 사랑을 전하자. 참고 또 참으며, 용서하고 또 용서하며 그들을 사랑하자. 그들이 당신에게 악을 행할지라도 당신은 선으로 그들에게 보답하며, 감사할 수 없는 상황에서도 쉼 없이 당신에게 유익한 것을 구해야 한다. 그러면 당신은 유쾌한 삶을 누리면서 천국에 이르게 될 것이다.

다른 사람들의 증오나 시기, 그리고 박해가 있어도 사랑으로 가득 찬 심령은 분명히 그런 공격들을 막아 줄 것이며 "사람의 행위가 여호와를 기쁘시게 하면 그 사람의 원수라도 그와 더불어 화목하게 하시느니라" 잠 16:7은 약속의 말씀을 성취할 것이다. 만약 당신이 "나는 저 사람에게 복수하고 말 거야!"라고 말한다면 당신은 결코 순례자의 길을 평탄하고 안전하게, 그리고 기쁘게 지나갈 수 없을 것이다! "그리스도는 나를 위해 하나님과 화목을 이루셨어. 그분은 나와 나를 대적하는 자 사이의 관계도 회복시켜 주실 거야!"라고 말한다면 당신은 영웅처럼 이 길을 행진하게 될 것이다. 이제 '여자의 몸에서 태어난 모든 사람'을 사랑하라고 지어진 복음의 신발을 신고 앞으로 나아가자. 그러면 당신이 내딛는 모든 걸음이 복될 것이며, 주님께 영광을 돌리게 될 것이다. 하나님은 그분의 자비로운 은혜와 성령님의 역사로 인해 주어지는 사랑의 영을 우리에게 주고 싶어 하신다. 사랑의 영으로 가득 채워진 복음의 신발은 우리의 발에 날개를 달아 주어 지친 우리의 여정을 가볍게 해 줄 것이다.

우리보다 앞서 이 길을 가신 예수님도 이 신발을 신으셨다. 예수님은 모든 순례자들의 왕으로서 우리가 감당할 수 있는 그 어떤 길보다 거친 길을 가셨다. 그 길에서 그분이 반드시 신어야 할 신발을 신으셨던 것처럼, 우리도 복음의 신발을 신고 순례의 길을 떠나야 한다. 그것이 주님의 뜻이기 때문이다.

"평안을 너희에게 끼치노니 곧 나의 평안을 너희에게 주노라"요 14:27는 말씀처럼 그분은 우리에게 평안을 주고자 하시며, "내가 하늘에서 내려온 것은 내 뜻을 행하려 함이 아니요. 나를 보내신 이의 뜻을 행하려 함이니라"요 6:38는 말씀처럼 그분은 우리에게 하나님의 뜻을 알리고자 하신다. 또 "내가 혼자 있는 것이 아니라 아버지께서 나와 함께 계시느니라"요 16:32는 말씀처럼 그분은 항상 하나님께 우리의 유익을 구하신다. 그리고 그분은 세상에 있는 자기 사람들을 사랑하시되 끝까지 사랑하셨다요 13:1. 아울러 예수님은 자신의 적을 위해서 날마다 눈물로 기도하시고, 주변의 많은 사람들과 평화를 이루셨다. 그분은 결코 우리처럼 염려하시거나 불안해하시거나 초조해하지 않으셨다. 이런 생각들은 나약한 우리가 복음의 신발을 잠시 벗고 있는 순간 찾아온다. 예수님은 항상 완전한 평안의 신발을 신고 계시기에 가장 위대한 순례자이자 고결한 사역자가 되셨다. 우리는 주님이 신으신 복음의 신발보다 더 나은 것을 구할 필요가 없다. 그분이 주시는 평안의 신발을 우리의 심령에 신자. 그것만으로도 우리는 우리의 순례길을 완벽하게 준비할 수 있다.

복음의 신발과 관련해서 우리가 분명하게 알아야 할 것들이 있다. 오랫동안 신었던 신발을 신으면 무척 편안하게 느껴진다. 그러나 그 신발도 언젠가는 닳게 되어 있다. 나의 설교가 전파되는 순간 그 설교는 이제 옛것이 되는 것처럼, 모든 신발은 언젠가 옛것이 되고 만다. 하지만 우리에게는 언제나 새롭고 영원히 닳지 않는 신발이 예비되어 있다.

이 신발은 이스라엘 사람들이 광야에서 신은 신발과 같아서 절대로 해어지지 아니할 것이다신 29:5. 영원한 복음은 우리에게 영원한 평안을 가져다준다. 하늘로부터 온 복음은 결코 변질되지 않으며, 그 복음이 가져온 평안은 기브온 사람들이 입고 신은 오래된 옷과 신발처럼 낡지도 않는다. 젊은이의 발에 신겨진 복음의 신발은 마지막 날 그가 훌륭하게 순례를 마칠 때까지 그를 격려할 것이다. 그리고 그가 첫 발자국을 내디딜 때부터 요단강을 건너 천상의 언덕에 마지막 발자국을 남길 때까지 언제나 그를 보호해 줄 것이다. 믿음의 동역자들이여, 생명의 길로 향하는 여정에 나서기 위해 복음의 신발을 제대로 신고 있는가? 다시 한번 자신이 신고 있는 신발을 점검해 보자.

복음의 신발이 가진 위대한 능력

　복음의 신발은 우리 발에 딱 맞게 제작되어 줄이거나 늘릴 필요가 전혀 없다. 마술보다 더 놀라운 기적의 능력과 평안의 복음으로 예비된 이 신발은, 은혜 안에서 이제 막 신앙생활을 시작한 초신자들의 발에도, 그리스도 예수 안에서 강한 군사와 같은 믿음을 가진 자들의 발에도 딱 맞는다. 몸에 맞지 않는 옷을 입으면 그 누구도 편하게 여행길을 떠날 수 없다. 신발이 맞지 않는 경우는 더더욱 그렇다. 더욱이 전쟁터에서는 제대로 싸울 수조차 없다. 그런 점에서 우리가 신은 복음의 신발은 탁월한 장점을 가지고 있다. 누구든지 일단 이 신발을 신으면 절대로 불편하지 않기 때문이다. 아주 어릴 때부터 두 다리를 절었던 므비보셋삼하 4:4 이라도 이 신발을 신는 순간 기적이 일어나 사슴처럼 산을 뛰어다니게 될 것이다.

　평안의 복음은 우리의 모든 약함을 덮어 줄 것이며, 우리의 죄로 인해 생겨난 상처들을 치유해 줄 것이다. 우리에게 그 어떤 약함과 결함이 있더라도 복음은 약함을 강하게 해 줄 것이며, 결함은 고쳐질 것이다. 복음의 신발을 신으면 그 어떤 괴로움도 없어질 것이며, 세상의 신발과는 다르게 이 신발은 우리의 심령을 옥죄이지 않을 것이다. 왜냐하면 복음이 우리의 마음을 평안하게 하기 때문이다. 진짜 복음에는 진정한 평안이 담겨 있다! 우리를 혼란스럽게 하는 무언가가 있다면 그것은 성령과는 전혀 상관이 없는 것이다. 오직 그리스도만이 우리를 평안하게 할 진데, 그 누가 이러한 복음의 신발을 신으려 하지 않겠는가?

평안의 복음으로 예비된 신발을 신은 사람은 견고한 발판 위에 서게 된다. 분명히 이 신발은 하박국이 "주 여호와는 나의 힘이시라 나의 발을 사슴과 같게 하사 나를 나의 높은 곳으로 다니게 하시리로다" 합 3:19라고 노래한 바로 그 신발이다. 사람이 미끄러운 바위 위나 떨어지면 치명상을 입을 만큼 위험한 고지에 있을 때, 발에 딱 맞는 견고한 신발을 신고 있다면 위기의 순간에 조금 더 유연하게 대처할 수 있다. 복음의 평안은 이처럼 주님 안에서 한 사람이 견고하게 서 있도록 돕는다.

많은 학자들이 믿음을 저버리는 이유는 그들이 교리적인 오류의 공격을 받고 쉽게 굴복하기 때문이다. '유혹'이라는 공격을 받아 발이 미끄러져 넘어지는 것이다. 하지만 하나님이 주시는 완전한 평안을 누리는 사람은 가장 높으신 분을 의지하고 있기에 절대로 흔들리지 않는다. 우리가 신고 있는 신발은 우리를 하나님의 영원한 진리 안으로 인도할 것이며 닻처럼 견고히 우리를 세워 줄 것이다.

복음 안에서 견고히 세움을 받은 이들에게 사탄이 다가와 당신은 구속받지 못했다는 말로 흔들더라도 그들은 사탄의 무의미한 공격에 조소를 보낼 것이다. 왜냐하면 그들은 자신이 믿는 분에 대해 잘 알고 있으며, 그리스도의 희생에 의해 강물처럼 흐르는 하늘의 평안을 누리고 있기 때문이다. 만약 구원의 확신이 있는 성도에게 사탄이 다가와 당신이 알고 있는 은혜의 교리들은 모두 거짓이며, 구원은 인간이 스스로 이루어 낼 수 있다고 말한다면 그는 다음과 같이 응수할 것이다. "나는 하나님이 나를 선택하셨다는 것을 이미 잘 알고 있어. 내가 주님께 부름을 받았음도 알고 있으며, 내가 의롭게 되었음도 잘 알지. 왜냐하면 나는 하나님이 주시는 평안을 누리고 있기 때문이야." 우리의 믿음이 굳건하다면 우리는 사탄의 말에 조금도 요동치 아니할 것이며 그 어떤 논쟁에서도 이길 수 있을 것이다.

회의주의가 만연한 오늘날, 진정한 쉼과 평안의 자리가 보이지 않는 이때에 복음의 신발은 쉼과 평안을 줄 것이며, 당신이 진리 위에 서도록 인도해 줄 것이다. 그렇게 된다면 사탄의 어떤 공격도 미풍에 날리는 낙엽과 같아서 당신을 넘어뜨릴 수 없을 것이다!

　복음의 신발을 이해함에 있어 중요한 또 하나의 사실은, 이 신발이 매일의 삶을 살아가는 우리에게 가장 적합한 장비라는 것이다. 대다수의 군사들은 자신의 신발이 안전한지, 혹은 오래 서 있어도 편안한지에 대해 생각하지 않는다. 깊이 생각해 볼 틈도 없이 앞만 보고 걸어야 하기 때문이다. 우리 역시 이들처럼 날마다 해야 할 일이 있다. 우리의 임무는 단순히 산책을 나가는 마음으로 걷는 것이 아니라 고된 노동과 장기간의 수고가 기다리는 세상으로의 행군이다. 그러나 하나님과 완전한 평화를 이룬 사람은 고된 순간들이 닥쳐와도 넉넉히 이겨낼 수 있다. 죄를 용서받고 하나님과 화목을 이루었다는 믿음은 우리가 무슨 일이든 할 수 있도록 충분한 힘을 준다. 우리는 지옥을 향해 걷는 것이 아니기 때문에 다소 험난한 길도 괴롭지 않게 지나갈 수 있다. 삶의 모든 자리에서 하나님과 완전히 평화를 이룬 영혼이 복음의 신발을 신는다면 앞으로 나아갈 수 있는 최고의 준비를 한 셈이다. 또한 그것은 앞으로 맞닥뜨릴 온갖 시험에 대하여 가장 확실한 안전 장치가 되어 줄 것이다. 그러므로 우리 모두 복음의 신발을 신자. 이 신발은 당신이 지치지 않게 지켜 줄 것이며, 아무리 걸어도 쓰러지지 않게 당신을 지탱해 줄 것이다. 이 신발은 온 세상을 다 돌아다녀도 구할 수 없는 무적의 신발이다. 이 신발은 우리를, 자신이 마땅히 해야 할 일을 즐겁게 감당하는 천사처럼 만들어 줄 것이다!

복음의 신발은 앞서 언급했던 대로 거친 길에서도 우리를 효과적으로 보호해 주는 도구가 된다. 천국을 향해 가는 길은 잔디가 깔려 있거나 포장 공사가 잘 되어 있는 고속도로처럼 순탄한 길이 아니다. 이 길은 거칠고, 매우 좁고, 때로는 무척 높아서 독수리도 그 지형을 구분할 수 없을 정도다. 영광으로 가는 이 길에는 앞서간 순례자들의 피가 얼룩져 있다. 하지만 우리의 발이 그곳에 닿는 순간, 평안의 복음이 모든 위험으로부터 우리를 지켜 줄 것이다. 내면의 싸움에서부터 외면적인 싸움에 이르기까지, 복음의 평안은 우리를 철저하게 지켜 줄 것이다. 우리는 평정심을 가지고 온갖 시험들을 마주하겠지만, 아마도 거대한 시험보다도 작은 시험들로 초조함을 느끼게 될 것이다. 그러나 우리의 마음이 평안으로 가득차 있다면 가시밭길에서도, 험난한 바윗길에서도 우리는 안전할 것이다. 날마다 마음속에 생기는 초조함도, 외부에서 오는 환난도 우리가 복음의 신발을 신고 하나님이 우리를 지켜 주실 것을 믿는다면 즐거운 마음으로 극복할 수 있을 것이다.

복음의 신발은 높은 곳으로 올라갈 때라도 많은 도움이 된다. 당신은 하나님의 복된 영에 이끌려서 영적인 등정이라는 거룩한 사역에 참여해 본 적이 있는가? 당신은 변화되기 위해서 주님과 함께 다볼산에 올라가 본 적이 있는가? 한 시간이라도 그분께 초점을 맞추고 그분의 전쟁과 승리를 본 적이 있는가? 당신은 비스가 정상에 올라가 그 영광이 드러나기를 기대하며 아름다운 레바논 땅을 바라본 적이 있는가? 당신의 심령은 헤브론에 올라 하나님과 신비한 대화를 나눈 적이 있는가? 나는 우리가 산에 오른다는 것이 무엇을 의미하는지 잘 알고 있으며, 우리 모두가 초자연적인 경험을 좋아한다는 것을 안다. 하지만 여기서 중요한 것은 우리가 하나님이 주신 복음과 평안의 신발을 신지 않으면 절대로 그 높은 곳으로 올라 갈 수 없다는 것이다! 오직 주 하나님 안에 있음을 기뻐하는 사람만이 주님이 계시는 산꼭대기로 올라갈 수 있으며, 그분이 계신 거룩한 장소에 설 수 있다!

하나님과 화목함으로써 예비된 심령은 높은 곳을 올라갈 수 있을 뿐만 아니라 앞으로 힘차게 달려 나갈 수도 있다. 때때로 자신이 가진 모든 힘을 다해서 힘차고 빠르게 전진해야 하는 순간이 있다. 우리 인생의 진보를 이루는 특별한 시간이다. 그때는 엄청난 속도로 모든 장애물을 부수며 폭풍처럼 나아가야 한다. 그러나 우리는 그 정도로 빠르게 달릴 수 없고, 온갖 장애물을 이겨낼 힘이 없다. 그럼에도 불구하고 우리는 계속해서 그 길을 가도록 도전을 받는다. 그리고 그 도전을 성취할 수 있는 기회는 오직 평안의 복음으로 예비된 신발을 신은 자에게 주어진다. 더운 날씨에 계속 걷다 보면 발에는 물집이 생기고 우리의 무릎은 약해져서 한 발을 내딛는 것조차 불가능해질 것이다. 그러나 주님의 기쁨이 우리의 힘이 되고, 그 안에 있는 능력을 의지할 때 우리는 들노루처럼 빨랐던 아사헬 같이 되어 힘든 길도 거침없이 달려 나갈 수 있을 것이다삼하 2:18. 절뚝거리고 있는 형제자매들이여, 이 신발을 신으라!

마지막으로 이 신발은 전투에 유용하다. 나는 바울이 이 신발을 전신갑주의 한 부분으로 여겼으리라 생각한다. 고대의 전투 방식은 백병전이었기에 발을 잘 보호하는 것이 무척 중요했다. 왜냐하면 손뿐만 아니라 발로도 상대방을 공격했기 때문이다. 실제로 강력한 발차기 한 방에 적군들은 전투 능력을 상실할 때도 있었다. 이처럼 그리스도인들은 전장에서 자신의 발을 이용하여 죄와 사탄을 대항해야 한다. "평강의 하나님께서 속히 사탄을 너희 발아래에서 상하게 하시리라."롬 16:20는 위대한 약속이 이미 우리에게 주어졌다. 그러므로 우리는 기회가 왔을 때 사탄에게 위협적인 한방을 날려야 하지 않겠는가? 우리는 옛 뱀의 머리를 부수고 그의 진지를 가루로 만들기 위해서 평안의 복음으로 예비된 신발을 신어야 한다! 하나님이 우리를 도우시기에, 우리는 우리 대장 예수님처럼 옛 뱀을 짓밟게 될 것이다!

이 신발을 신을 준비가 되었는가?

지금까지 복음의 신발에 대해 알아보았다. 그러나 한 가지 심각한 질문이 남아 있다. 순례길을 떠나려 하면서도 아직 신발을 갖추지 못한 이들이 있지 않은가? 복음을 받아들이지 않은 상태에서 천국에 가는 것은 결단코 불가능한 일이다. 어떻게 복음의 신발도 없이 육체의 유혹과 죽음의 시험이 닥치는 길을 떠날 수 있겠는가? 절대로 그럴 수 없다. 나는 오늘도 복음을 받아들이지 않은 이들을 위해 기도한다. 예수님께로 나아가지 않는다면, 그분의 은혜를 얻지 못한다면 그 어떤 방법으로도 순례의 여정을 완주할 수 없다. 그러므로 그분께 가서 평안을 구하자. 그렇게 할 때 우리가 가게 될 생명의 여정은 행복하고 안전한 길이 될 것이며, 결국에는 영원한 승리의 기쁨을 맛보게 될 것이다. 왜냐하면 당신이 평안의 복음으로 예비된 신발을 신고 있기 때문이다! 아멘!

Chapter. 5
믿음의 방패

모든 것 위에 믿음의 방패를 가지고

이로써 능히 악한 자의 모든 불화살을 소멸하고

_에베소서 6:16

고대 그리스의 도시국가였던 스파르타 사람들처럼 모든 그리스도인은 전사로 태어났다. 그래서 공격받는 것이 그리스도들의 운명이며, 사탄과 맞서 싸우는 것은 우리의 임무이다. 그리스도인은 삶에서 영적 전쟁을 치러야 하며, 자신의 믿음을 굳건히 지켜 내야 한다. 악에 대항해야 하며, 사탄의 온갖 술수에 맞서 싸워야 하고, 모든 일을 할 때 믿음 위에 굳건히 올라서야 한다. 오직 공격을 방어하기에 바빠 제대로 공격하지 않는다면 그는 결코 전쟁에서 이길 수 없다. 그리스도인이라면 다윗이 말한 것처럼 "칼과 창과 단창으로 내게 나아 오거니와 나는 만군의 여호와의 이름 곧 네가 모욕하는 이스라엘 군대의 하나님의 이름으로"삼상 17:45 나아가야 한다.

그리스도인은 혈과 육으로 싸우는 것이 아니라 정사와 권세에 맞서 싸워야 한다. 또한 우리는 자신의 영적 전투에 맞설 적합한 무기를 가지고 있어야 하는데, 이것은 육신에 속한 것이 아니라 어떤 견고한 진도 무너뜨리는 하나님의 능력고후 10:4이어야 한다. 그리스도인들은 견고한 성안에 사는 것으로 만족해서는 안 된다. 비록 성안에서 강력한 무기들로 안전하게 보호받고 있다 할지라도 그리스도인들은 앞으로 나아가 적의 성을 공격하고 그들을 정복하여 약속의 땅을 지켜 내야 한다.

전사의 정체성을 가진 그리스도인

오늘날 많은 그리스도인들이 하나님의 전사로 태어난 자신의 정체성을 망각한 채 살고 있다. 그들은 주님이 우리를 연단 하시고자 매일의 전쟁으로 부르시는 소리에 응답하지 않는다. 하지만 자신의 정체성을 잘 알고 그 길을 따르는 사람들은 부르심의 의미를 잘 알고 있다. 그들은 마치 다윗이 사울의 궁전에서 하프를 켜던 시절에도 그를 사랑했고, 훗날 다윗이 도망자 신세가 되어서 생명이 위태로울 때에도 그와 기꺼이 함께했던 사람들과 같다.

오늘날처럼 음란하고 정의가 왜곡된 사회 분위기 속에서 그리스도를 기꺼이 따르고자 한다면, 그 세대로부터 나와 분리되어야 한다. 우리는 험한 산지에서 목숨을 걸고 살았던 납달리 지파를 본받아 살아야 한다.

우리는 성경 속 인물 중 사울의 아들 요나단에 대해서 알고 있다. 그의 이름은 알려졌으나 그의 삶 대부분은 알려지지 않았다. 다윗과 헤어진 뒤로 그에 대한 기록은 빈약하며, 길보아의 메마른 언덕 위에서 블레셋 사람들과 함께 생을 마감했음만 전해질 뿐이다삼상 31:1-8. 다윗과 절친한 사이였던 그는 안타깝게도 다윗을 위해 화살 한 번 겨누지 못한 채 죽음을 맞이했다. 그에게 아버지의 궁정은 무척 매력적인 곳이었기에 요나단은 결국 그곳에 머무르고 말았다.

역대상 11장 10절 이하 말씀에는 아둘람 굴에서 다윗과 함께 한 전사들의 이름이 기록되어 있는데, 그곳에 요나단의 이름은 없다. 베들레헴의 우물물을 다윗에게 가져다주고자 블레셋 군대를 돌파해 나간 사람들의 이름과 겨울에 사자를 죽이려고 구덩이 안으로 들어간 사람의 이름은 볼 수 있으나, 명예의 전당에 올라간 전사들의 명단 중에서 요나단의 이름은 찾을 수 없다.

오늘날에는 영적 전쟁이 일어났을 때 적에게 쉽게 굴복하고 마는 그리스도인들이 많다. 그들은 싸움을 회피하는 유약한 종교인이며, 바람에 흔들리는 갈대와 같다. 그러나 어떤 성도들은 경건한 백향목처럼 폭풍 속에서도 홀연히 서서 온 사방의 공격을 이겨낸다. 그들은 분명히 마지막 날에 승리의 기쁨을 마음껏 누리게 될 것이다.

유약한 종교인 같은 그리스도인들은 하나님의 영광을 나누기에는 믿음이 한없이 부족한 자들이다. 그들은 비록 구원받았으나, 그리스도의 용사로 기록되지 못할 것이다. 진정한 용사는 우리의 대장 그리스도를 위해 모든 것을 잃으면서도 기꺼이 고난을 받으며 온갖 모욕을 묵묵히 견뎌 나가는 사람들이다. 세상으로부터 뛰쳐나와 자신을 깨끗하게 구별하며 살아가는 그리스도인들은 교회라는 영적 건축물을 세우는 일에 온 열정을 다한다. 그래서 영적 전쟁에 더 힘을 쏟을 것이다.

우리는 느헤미야가 살았던 당시, 예루살렘 성벽을 건축하던 유대인들의 손에 무엇이 들려 있었고 그들이 어떻게 일했는지를 기억해야 한다. "건축하는 자는 각각 허리에

칼을 차고 건축하며 나팔 부는 자는 내 곁에 섰었느니라" 느 4:18에는 말씀처럼 그들은 건축일을 하던 탁월한 노동자들이었으나, 한편으로는 언제든지 전쟁터에 나가 싸울 준비가 된 전사들이기도 했다. 나팔소리가 울리면 이들은 곧바로 전장에 나아가 적들을 물리침으로써 자신이 전사라는 사실을 증명할 것이다.

이제 우리도 그리스도의 교회를 위하여 선한 일을 열정적으로 해야 한다. 그럴 때 우리 삶의 목적이 더 분명하게 드러날 수 있을 것이다. 오직 열심을 다해 주님을 섬기라. 그러면 주님의 축복이 당신의 수고 위에 임할 것이고, 그 축복이 사탄에게는 저주로 돌아갈 것이다. 당신이 이 세상에 순응하지 않으려면 전혀 다른 방식으로 용감해져야 한다. 여기서 말하는 전혀 다른 방식의 용감함이란 의롭게 되는 것으로, 우리가 열심히 예루살렘의 성벽을 건축하면서 동시에 군사적 자질을 키워나감을 의미한다. "모든 것 위에 믿음의 방패를 가지고 이로써 능히 악한 자의 모든 불화살을 소멸하고 구원의 투구와 성령의 검 곧 하나님의 말씀을 가지라" 엡 6:16-17는 말씀은 두려움 많은 우리에게 큰 위로이자 도전이 될 것이다!

모든 것을 방어하는 믿음의 방패

에베소서 6장 16절에서는 믿음을 방패로 비유하고 있다. 방패가 온갖 공격들을 방어하듯이 믿음도 적들이 공격해 올 때 효과적으로 우리를 보호해 주기 때문이다. 고대의 전쟁에서는 여러 형태의 방패들이 사용되었는데, 우리가 앞서 읽은 성경 말씀 속 방패는 그중에서도 몸 전체를 막아 줄 만큼 커다란 것이다. 시편에는 이 믿음의 방패를 상기시켜 주는 구절이 있다.

> 여호와여 주는 의인에게 복을 주시고 방패와 함 같이 은혜로 그를 호위하시리로다. 시편 5:12.

방패가 전사들의 몸 전체를 감쌌던 것처럼, 우리의 믿음은 우리 몸 전체를 감싸서 우리를 조준한 모든 공격을 막아 줄 것이다. 스파르타 군사의 어머니들은 전쟁터에 나가는 아들에게 다음과 같이 말했다고 한다. "반드시 방패를 가지고 돌아오거나 그 방패 위에 누워서 돌아오너라." 스파르타에서 사용하던 방패는 관으로 쓸 수 있을 만큼 컸다. 그래서 이 말은 방패로 적들의 공격을 잘 방어한 뒤 전쟁에서 승리해 살아 돌아오라는 뜻이면서, 혹시라도 전쟁 중에 죽게 되면 그 방패를 관으로 삼아 주검으로라도 돌아오라는 의미이다. 우리가 지닌 믿음의 방패가 이처럼 커다랗다고 생각하면 이해가 쉬울 것이다.

믿음은 한 사람의 전부를 보호해 준다. 사탄이 우리의 머리를 공격하는 방식은 신학적으로 불확실한 개념을 이용하여 속이는 것이다. 그는 우리가 진리에 대해서 의심하게 만든다. 그러나 완전한 믿음은 이단들에 대항하여 우리를 보호해 주며 이미 얻은 진리를 확실하게 붙잡도록 해 준다. 신학적 정의에 대한 확신이 흔들리는 것은 대체로 우리의 믿음이 약해졌기 때문이다. 그리스도 안에서 굳건한 믿음을 소유한 자는 은혜 교리를 굳게 잡고 있어서, 그 어떤 유혹에도 굴복하지 않을 것이다. 믿음이 굳건한 자는 자신이 무엇을 믿는지 잘 알고 있으며, 자신이 주님께 받은 것을 이해하고 있다. 그는 사탄의 맹공에도 하나님의 진리로 알고 있는 것들을 내려놓지 않을 것이다. 아무리 흉악한 무기를 가지고 간교한 방법으로 그를 공격한다 할지라도 말이다.

믿음이 우리의 머리를 보호하게 되면, 마음 또한 보호를 받게 된다. 세상의 유혹이 마음속에 들어오면, 믿음은 미래에 대한 생각들과 하나님의 백성이 받게 될 상급들에 대한 확신으로 마음을 굳게 잡아 준다. 그래서 세상의 모든 보화보다 그리스도인으로 받는 고난을 더욱 귀한 가치로 여길 수 있게 해 준다.

우리의 머리를 향한 공격이 실패로 돌아갔을 때 사탄은 우리의 팔을 공격하여 다시는 봉사할 수 없도록 영적 불구자로 만들려고 할 것이다. 그러나 믿음은 팔 역시 방패로 보호하여 주님을 향한 우리의 사랑을 지켜 줄 것이며, 앞으로 전진하고 정복하여 우리를 사랑하시는 그분의 이름을 드높여 줄 것이다.

만약 사탄이 그리스도인의 발을 겨냥하여 의로움에서 벗어나 실족하게 한다면 어떻게 하겠는가? 그렇더라도 믿음은 그리스도인의 발을 지켜 주어 경사진 곳에서도 굳게 서도록 할 것이다. 그러므로 우리의 발은 미끄러지지 않을 것이며 사탄은 우리를 결코 이길 수 없을 것이다. 만약 사탄의 화살이 그리스도인들의 무릎을 겨냥하여 우리의 기도를 막아 버린다면 어떻게 할 것인가? 하나님이 우리의 부르짖음을 듣지 못하시며, 간청하는 목소리에 응답하시지 못하시도록 말이다. 그러나 우리의 믿음이 굳건하다면 그 믿음이 그리스도인을 보호하고, 담대한 능력으로 하나님께 나아가도록 할 것이며, 하나님이 계신 자비의 보좌 앞으로 우리를 이끌 것이다.

사탄의 화살은 그리스도인의 양심을 겨냥하여 그가 최근에 지은 죄를 기억나게 할지도 모른다. 하지만 우리의 믿음은 그 양심을 보호하여 사탄의 불화살을 온전한 대속의 확신으로 소멸하고, 사탄에게 "그 아들 예수의 피가 우리를 모든 죄에서 깨끗하게 하실 것"요일 1:7이라는 말씀을 선포할 것이다.

> 네가 말하기를 여호와는 나의 피난처 시라 하고 지존자를 너의 거처로 삼았으므로 시편 91:9.

믿음은 사람의 몸 전체를 보호할 뿐만 아니라 한 사람의 무기도 보호한다. 이를 잘 알았던 사도 바울은 여러 가지 영적인 무기를 언급한 뒤 이 모든 것 위에골 3:14 믿음을 더하라고 했다. 하나님의 사람은 허리띠와 흉패를 갖추고, 신발을 신고, 투구를 써야 한다. 하지만 이 모든 전신갑주 위에 믿음이 더해져야 진정한 무기가 완성된다. 믿음이 사람뿐만 아니라 그가 갖춘 모든 무기들을 함께 방어해 주기 때문이다. 믿음은 한 사람의 방패가 되어 줄 뿐만 아니라 그가 받은 은혜들도 보호해 준다.

사탄은 종종 우리의 정직함을 공격해 온다. 그는 우리의 허리에 있는 진리의 허리띠를 끊어 버리려고 하지만 믿음은 우리로 하여금 언제나 한결같이 행동하도록 한다. 마치 모세가 바로의 분노를 두려워하지 않았던 것처럼 말이다.

그다음으로 사탄은 우리의 의로움을 공격하며 우리가 가진 흉패에 흠집을 내려고 할 것이다. 하지만 우리에게 믿음이 있다면 우리는 요셉과 같이 선포하게 될 것이다. "내가 어찌 이 큰 악을 행하여 하나님께 죄를 지으리이까"창 19:9. 혹은 욥처럼 "나는 결코 너희를 옳다 하지 아니하겠고 내가 죽기 전에는 나의 온전함을 버리지 아니할 것이라"욥 27:5고 사탄을 향해 소리치거나, 극심한 비방 속에서도 담대했던 다윗처럼 "여호와께서 나를 사자의 발톱과 곰의 발톱에서 건져 내셨은 즉 나를 이 블레셋 사람의 손에서도 건져 내시리이다"삼상 17:37 라고 소리치게 될 것이다. 이것이 바로 믿음의 능력이다.

믿음은 우리의 흉패와 허리띠를 보호해 줄 것이다. 우리의 모든 영적 자질들은 스스로 유지될 수 없으며, 오직 하나님의 은혜만이 우리의 자질들을 보호할 수 있다. 그리고 우리가 경험하는 은혜는 바로 믿음을 통해서 우리에게 주어진다. 당신은 온화한 사람인가? 그렇다면 당신의 온화함을 믿음으로 덮어야 한다! 그렇지 않으면 당신은 성급한 말에 당신이 가진 무언가를 내놓게 될지도 모른다. 당신은 결단력이 강한 사람인가? 그렇다면 그 결단력을 하나님 안에 있는 믿음으로 보호하자! 그렇지 않으면 당신은 어느 순간 당신의 결정에 흔들리게 될 것이며 당신의 견고함은 사라질 것이다. 당신은 다른 사람에게 사랑과 자비를 베푸는가? 그렇다면 그 사랑과 자비를 믿음으로 보호하자. 그렇지 않으면 당신의 자비는 분노가 되고, 사랑은 비참하게 변질되어 갈 것이다.

우리는 우리가 받은 은혜들로 내면을 아름답게 가꾸어 나가듯이, 믿음으로 우리가 받은 은혜들을 보호해야 한다. 머리에는 그에 맞는 투구를 써야 하고, 발에는 장갑이 아닌 신발을 신어야 한다. 또 허리에는 허리띠를 차야 하듯이 우리에게는 믿음이 필요하다. 믿음의 방패는 우리의 모든 것을 덮어 주고 보호하여 결국에는 완전한 승리를 얻게 해 줄 것이다!

공격을 감수 해야 하는 믿음의 방패

방패를 가진 사람은 공격을 받게 되어 있다. 일부 그리스도인들은 믿음만 있으면 자신이 그 어떤 공격도 피할 수 있을 거라고 생각한다. 그래서 믿음이 있는 사람은 늘 평안할 것이며, 모든 일이 평화롭게 진행 될 것이라고 생각한다. 주로 젊은 그리스도인들에게서 이러한 성향을 발견할 수 있다. 그들은 자신이 죄를 회개하고 구원받게 되면 천국으로 향하는 길이 평안하고 평탄하리라 착각한다. 그런데 만약 천국을 향한 순례길이 그토록 순탄하다면 그리스도인들이 전신갑주를 입고 있을 이유가 없지 않겠는가? 싸울 필요가 없다면 젊은이들이 왜 군대에 가겠는가? 군사는 전쟁의 때를 준비하는 사람이다. 우리 역시 믿음으로 무장해야 한다. 도처에 사탄의 공격이 도사리고 있기 때문이다. 우리가 지닌 방패는 마치 폭풍이 몰아치는 것처럼 심한 공격을 받게 될 것이다. 방패를 가진 사람의 죽음을 막아 주는 대신 심한 타격을 받을 수밖에 없기 때문이다.

몇몇 사람들은 믿음의 방패로 공격을 막아내는 것이 아니라 겁쟁이처럼 숨을 곳을 찾아다닌다. 그들은 그리스도를 부끄러워하며 그분의 일에 참여하지 않는다. 또한 그들은 그분과 함께하는 것이 부끄러워서 자신의 영적 정체성을 숨긴 채 세상 속으로 나아간다. 그들 역시 복음을 선포하라는 부르심을 받았지만, 그들은 아주 조용하고 부드러운 방식으로 복음을 선포할 뿐이다. 그들은 세례 요한과는 전혀 다른 사람으로 그저 "흔들리는 갈대"마 11:7일 뿐이다. 그들에 대해서는 그 누구도 나쁜 말을 하지 않는다. 왜냐하면 그들이 사탄 왕국에 해가 될 일을 하지 않기 때문이다. 심지어 사탄은 그들을 대적해 울부짖지 않을 것이다. 그 대신 "그들이 그대로 살도록 그냥 내버려 둬. 저런 사람 수천 명이 모인다 해도 우리 왕국을 흔들지는 못할 거야."라고 말할 뿐이다.

또 어떤 이들은 가식Presumption의 방패를 사용한다. 이들은 옳지 않은 것을 옳다고 여기며, 사탄에 대적하는 것이 아니라 우리의 영적 전쟁을 위한 무기들에 대적한다. 그들의 양심은 이미 사탄의 화살에 상처를 입어 하나님의 말씀을 두려워하지 않는다. 하나님의 사랑의 음성조차 들리지 않기 때문에 그들은 그리스도의 초대에도 응하지 않으며, 자신의 갈 길을 가기에 바쁘다. 가식이 그들을 안전하게 보호하기 때문이다. 결국 이런 사람들에게 고통스러운 공격이란 없다. 그들이 손에 쥔 방패는 세상을 가식적인 눈으로 보게 만들어 그들의 마음에 가식적인 평안을 준다. 그래서 그들은 전혀 평안하지 않은 상태에서도 스스로 평화롭고 평안하다고 느끼게 된다. 오직 믿음의 방패를 높이 들어올릴 때만이 우리를 실족시키려고 하는 지옥의 기사들이 엄청나게 많다는 것을 깨닫게 될 것이다. 우리는 그분의 이름이 적힌 믿음의 방패를 들고 승리자의 길을 걸어가야 한다. 그 믿음의 방패는 어떤 창으로도 꿰뚫을 수 없으며, 어떤 검으로도 잘라 낼 수 없다. 그 방패는 모든 전쟁과 싸움에서 우리를 보호할 것이며, 우리는 그 방패를 통해 승리자 그 이상의 위치에 오르게 될 것이다.

우리의 믿음을 굳건하게 해 주는 믿음의 방패

우리의 믿음이 강해지기 위해 가장 필요한 것은 믿음의 방패이다. 만약 어떤 사람이 두꺼운 종이로 만든 방패를 들고 적을 대항 한다면, 적군의 칼이 금세 그의 심장을 찌를 것이다. 진짜 믿음의 방패를 가진 사람은 하나님이 나를 선택하셨다는 것을 믿는 자로서, 대적이 칼로 방패를 내리치는 순간 그 칼이 수천 개의 조각으로 부서지는 모습을 보게 될 것이다. 그리고 만약 대적이 창으로 우리를 공격한다 해도 그 창 역시 방패에 맞는 순간 수천 개의 조각으로 부서지거나 창의 뾰족한 부분이 구부러져 결코 방패를 뚫을 수 없을 것이다.

당신은 자신의 방패가 강한 것인지, 나의 믿음이 옳은 것인지 궁금한가? 이 질문에 대한 답을 얻기 위해서는 자신의 방패가 온전히 하나로 되어 있는지를 점검해 보아야 한다. 만약 방패가 두 개, 세 개 혹은 여러 개의 조각들로 이루어져 있다면 전쟁에서 제 기능을 하지 못할 것이다. 즉, 우리의 믿음은 하나로 이루어져야 한다. 오직 그리스도가 성취하신 사역에 대한 그 하나의 믿음만 있어야 한다는 뜻이다. 우리 자신이나 그 어떤 다른 사람 또는 사물도 신뢰해서는 안 된다. 오직 그리스도께 온전하고 전적인 신뢰를 두지 않는다면 우리의 믿음은 천국의 모조품에 지나지 않을 것이며, 우리의 방패는 패배만을 안겨 줄 것이다. 그러므로 우리는 하나님의 선택을 전적으로 믿고, 신뢰해야 한다. 그래야만 사람의 영혼 속에서 역사하시는 성령의 활동이 시작되기 때문이다.

당신이 믿음을 지켜나간다면 당신은 하나님의 진리의 말씀을 의지하게 될 것이다. 그러나 하나님의 말씀을 의지하지 않고 우리 삶에 작은 실수나 거짓들이 들어온다면, 틈을 만들고 그 틈으로 사탄의 창이 공격해 올 것이다. 그러므로 우리는 우리의 믿음이 하나님의 말씀에 합하도록 노력해야 한다. 이는 공상이나 환상이 아닌 하나님의 진실하고 진정한 약속이 담긴 분명한 증거의 말씀만을 의지하는 것을 뜻한다.

  우리는 무엇보다 인격자 되시는 예수님께 우리의 믿음을 고정시켜야 한다. 왜냐하면 오직 믿음은 '모든 것 위에 계시며 영원히 찬송 받으실' 그리스도 안에 있기 때문이며, 유월절 어린 양의 피로써 우리를 위해 희생하신 그분의 성육신 안에 있기 때문이다. 그 외의 다른 어떤 믿음도 영적인 삶에서 일어나는 거대한 전쟁에서 든든한 방패가 되어 줄 수 없다. 당신이 손에 쥐고 있는 방패를 한 번 자세히 살펴보자. 혹시 군데군데 금이 가 있지는 않은가? 혹은 가벼운 공격에도 산산조각 날 만큼 연약한 재료로 만든 방패를 쥐고 있지는 않은가? 금으로 만들어진 솔로몬 왕의 방패처럼, 최고의 놋쇠로 만든 르호보암의 방패처럼 굳건한 믿음의 방패로 자신을 방어하자

믿음의 방패를 활용하라

믿음은 방패와 같아서 우리가 방패를 잘 다루지 못한다면 아무 소용이 없듯이, 우리의 믿음도 그래야 한다. 전쟁터에 나가면서 집에 방패를 두고 왔다면 그는 얼마나 어리석은 병사겠는가? 마찬가지로 믿음은 있으나 이를 지키지 못하는 사람은 어리석은 사람이다. 이런 사람들은 오히려 적군이 없는 곳에서 방패를 들고 다닌다. 그들은 모든 일이 잘 풀릴 때에는 믿음을 유지하지만, 문제가 생기면 즉시 믿음을 저버린다.

나는 이제부터 믿음의 방패를 다루는 방법에 대해 이야기하고자 한다. 먼저, 우리가 하나님의 약속을 읽고 이것을 삶에 잘 적용하는 것이다. 사탄이 여러 가지 말로 우리를 공격할 때 하나님의 약속으로 되받아치면 된다.

"너는 오늘이 지나면 가난해지고 궁핍해질 거야."

"아니, 나는 결코 우리 주님이 나를 떠나지도 않으시고 버리지도 않으실 분이라는 것을 알아 히 13:5. 그래서 나는 하나님이 나에게 빵도 주시고 물도 주실 거라 믿어 의심치 않아."

"너는 그럼에도 불구하고 곧 적의 공격에 의해 넘어지고 말 걸?"

"아니야, 나는 내 안에서 선한 일을 시작하신 분이 예수 그리스도의 날까지 그 일을 다 이루실 거라 믿어!"빌 1:6.

"그래, 네 말이 맞아. 하지만 너는 곧 대적의 중상모략에 빠져 실족하고 말 거야!"

"아니, 그렇지 않아. 주님은 사람의 분노를 그분을 찬양하는 것으로 바꾸시는 분이며, 나머지 노여움은 금하실 것시 76:10이기에 나는 주님 안에서 안전해!"

"그러나 너는 한없이 약한 존재인 걸?"

"그래! 나는 약한 존재야. 하지만 나의 힘은 약함 가운데 온전하게 될 것이며, 우리 하나님의 자녀들은 모두가 약함 가운데 오히려 하나님께 영광을 돌리게 될 거야. 그때 그리스도의 능력이 우리에게 임할 고후 12:9 것을 나는 굳게 믿기 때문에 두렵지 않아!"

"그래, 지금까지는 네 말이 맞다고 쳐도 너의 죄는 너무 크고 많은데?"

"그래, 하지만 주님은 당신을 의지하여 하나님 앞으로 나오는 자들을 구원하신다고 하셨지히 7:25. 그러므로 그분은 가장 극악 무도한 사람도 구원해 주실 거야."

그러나 우리는 결코 안심해서는 안 된다. 사탄이 칼을 뽑아 들면서 "하나님은 이미 너를 포기했어!"라고 외치며 공격해 올지도 모르기 때문이다. 그러면 우리는 믿음의 방패로 막으며 "아니, 그분은 포기를 모르시는 분이지. 여호와는 결코 자기 백성을 버리지 않으시며, 그분의 유업을 외면하지 않으시는시 94:14 분이거든!"이라고 답해야 한다. 이 대답에 화가 난 사탄은 "결국 내가 너를 가질 것이다!"라고 말할 것이다. 그러면 우리는 "아니, 우리 주님은 그분을 따르는 자에게 영생을 주시며 영원토록 멸망치 않고, 그 누구도 우리를 그분의 손에서 빼앗을요 10:28 수 없다고 말씀하셨어! 그러므로 너는 나를 절대로 가질 수 없어!"라는 말과 함께 그에게 최후의 주먹 한 방을 날려야 한다.

이처럼 성경 말씀으로 사탄을 대적하는 것이 바로 믿음의 방패를 다루는 법이다. 사탄이 무슨 말을 할지라도, 설령 그의 말이 너무나 잔혹하여 우리에게 상처가 될지라도 우리는 믿음의 방패로 그의 턱을 날려 버려야 한다.

믿음의 방패를 다루는 여러 방법

믿음의 방패를 잘 다루는 또 하나의 방법은 교리를 이용하여 사탄에 대적하는 것이다.

"네가 구원을 받았다는 증거가 있어? 너는 그저 가난하고 약하며, 비열하고 어리석은 존재일 뿐이야!"

"하나님이 부르신 자들 중에는 육체를 따라 지혜로운 자, 고상한 자, 힘 있는 자고전 1:26 가 많지 않았어. 오히려 하나님은 약하디 약하고, 다른 사람들에게 경멸받는 사람들을 들어 쓰셨는 걸? 그러므로 연약하고 어리석은 나 역시 얼마든지 하나님의 자녀가 될 수 있어! 하나님은 이 세상에서 가난한 자를 선택하셔서 믿음으로 부요하게 하시고, 그분을 사랑하는 사람들에게 약속하신 나라의 상속자약 2:5가 되게 하셨음을 나는 믿어!"

"그렇지만, 하나님이 너를 택하셨다고 해도 너는 결국 망하고 말거야!"

"하나님은 의인은 그 길을 꾸준히 가고 손이 깨끗한 자는 점점 힘을 얻으리라욥 17:9고 말씀하셨고, 성경 말씀에는 내게 주신 아버지의 이름으로 그들을 보전하고 지키었나이다 17:12 라고 나와 있으며 나는 이 말씀을 신뢰해!"

결국 우리가 은혜 교리를 잘 알고 있으면, 악한 자의 불화살 공격에 대비할 수 있는 무기들이 무궁무진하다는 것을 알게 될 것이다. 그러므로 그리스도의 군사들은 믿음의 방패를 잘 다룰 수 있도록 하나님의 말씀을 잘 읽고 숙지해야 한다.

비록 사탄이 "너의 자신감은 헛되고, 너의 희망은 곧 사라질 것이다."라고 말하며 우리의 믿음을 깎아내리려 할지라도 우리가 하나님의 교리로 가득찬 믿음의 방패를 가지고 있다면 "내가 어려서부터 늙기까지 의인이 버림을 당한 시 37:25 것을 본 적이 없다!"라며 맞대응 할 수 있다. 사탄은 우리에게 "하지만 너는 이미 죄 가운데 떨어졌고, 하나님은 너를 떠나실 거야."라고 말하겠지만 우리에게는 굳건한 믿음이 있기 때문에 두려울 것이 전혀 없다. 오히려 담대하게 "아니, 다윗도 실족했지만 주님께서 그 끔찍한 구덩이와 진흙탕에서 건져 올려 주셨어."시 40:2 라고 말하면 된다. 이렇게 은혜 교리를 이용하여 믿음의 방패를 다루게 되면 우리는 대적의 이빨을 뽑을 수 있다. 하나님은 그분의 백성을 결코 포기하지 않으시는 분이다. 나는 이 말에 큰 용기를 얻는다. 하나님은 언제나 동일하시며 변함없으신 분이다! 그러니 그분을 신뢰하며 사탄 앞에서 믿음의 방패를 들어 올리자!

믿음의 방패를 잘 다루는 또 다른 방법은 자신의 경험을 활용하는 것이다. 하나님이 지난날 당신에게 행하셨던 놀라운 일들을 떠올려 보라. 당신의 영혼은 아마 이런 고백을 하게 될 것이다.

"내 영혼아 네가 어찌하여 낙심하며 어찌하여 내 속에서 불안해 하는가 너는 하나님께 소망을 두라 나는 그가 나타나 도우심으로 말미암아 내 하나님을 여전히 찬송하리로다"시 42:11.

어떤 이들은 자신이 받은 은혜를 다른 사람과 나누기를 부끄러워한다. 그러나 그런 사람들도 한번 입을 열기만 하면 어디서 끝을 내야 할지 모를 만큼 다양한 경험을 풀어 놓는 모습을 볼 수 있다. 하나님이 우리에게 얼마나 놀라운 일을 행하셨는지 생각해 보라. 우리가 불과 물을 통과할 때 그분이 지켜 주셨다. 사람들이 우리의 머리를 밟고 지나갔지만, 하나님은 모든 것이 합력하여 선을 이루게 하셨다. 하나님의 영광은 모든 악한 이들과 모함하는 자들 사이에서 우리가 지켜보는 가운데 나타났다. 그러므로 우리는 과거의 경험을 활용하여 믿음의 방패를 다루도록 하자. 그러면 사탄이 우리에게 "하나님은 너를 포기하실 거야!"라고 말할 때 다음과 같이 대답할 수 있다. "네가 지금 하는 말은 모두 거짓이야. 왜냐하면 하나님은 과거에도 그러셨고, 지금도 그러하시며, 미래에도 동일하실 뿐 아니라, 세상 끝날까지 한결같으신시 102:27 분이기 때문이지."

믿음의 방패를 잘 다루는 마지막 방법은 그 방패에 자기만의 문장, 즉 상징을 새겨 넣는 것이다. 고대에는 방패가 전사들의 명예를 상징했다. 특히 바울의 시대보다 그 후대가 더욱 그러했다. 기사 제도가 있던 중세에는 전사들이 자신을 상징하는 문장을 방패에 표시하고 다녔다. 이처럼 우리도 믿음의 방패 위에 그리스도의 영광, 곧 그리스도의 상징을 새겨 두어야 한다.

그렇다면 그리스도인을 상징하는 영광된 문장에는 무엇이 있을까? '십자가가 없으면 면류관도 없다No Cross, No Crown'이라는 말이 있다. 이것이 우리에게는 가장 복된 문장이다! 또한 내가 생각하는 그리스도인의 최고의 문장은 구원자 예수님의 '십자가'이다. 언제나 보혈의 피가 흐르는 그 십자가 말이다. 십자가는 더러워 보이지만 한 번도 더럽혀진 적이 없다. 언제나 피로 물들어 있는 것처럼 보이나 실상은 루비처럼 밝게 빛나고 있다. 십자가는 영광스러우며, 그 어떤 정복자보다도 위대한 승리를 이루어냈다. 오래전 종교개혁자들 중의 일부는 '모루(대장간에서 불린 쇠를 올려놓고 두드릴 때 받침으로 쓰는 쇳덩이)'를 자신의 문장으로 사용했다. 이것은 자신이 부서질 때까지 자신에게 망치질을 하도록 허락한다는 의미였다. 또 다른 종교개혁자들은 양초를 자신의 문장으로 삼았다. 수많은 사람들이 바람을 불어 그 촛불을 끄고자 하지만 오히려 더 밝게 빛난다는 의미였다. 그들은 그 양초를 통해, 어두움을 밝히는 빛과 같이 모든 공격에도 불구하고 더 강하게 빛을 내겠다는 의지를 담은 것이다.

매일 아침 십자가가 새겨진 당신의 방패를 높이 들어 올리자. 그러면 당신의 방패는 전쟁이 끝나는 날 하늘에 높이 걸릴 것이다. 옛날에 전사들이 사용했던 이상한 모양의 그림과 각종 문장들은 잊혀질지도 모른다. 하지만 수많은 공격에 상처를 입었으나 십자가가 새겨진 당신의 방패는 하나님의 보좌 앞에서 커다란 영광을 받게 될 것이다!

이 모든 것 위에 믿음의 방패를 취하고

만약 당신이 하인에게 심부름을 시키면서 이렇게 말했다고 가정해 보자. "이것과 저것, 그리고 저것과 이것을 조금 사오너라. 하지만 그 모든 것보다 이러저러한 일들을 잘

하고 와야 한다." 하인은 아마도 몹시 혼란스러워질 것이다. 하지만 그는 적어도 가장 중요한 것이 무엇인지는 알 수 있을 것이다. 우리도 이와 마찬가지다. 우리는 우리의 신실함, 의로움, 혹은 우리의 평안에 대해 소홀하게 여겨서는 안 된다. 하지만 이 모든 것보다 가장 중요한 것이 있는데, 그것은 우리의 믿음이 올바른지에 대해 우리 스스로가 주의하는 것이다. 진짜 믿음이야말로 사탄의 공격으로부터 우리의 모든 덕목들을 보호해 주기 때문이다.

고대인들은 작은 화살에 독을 발라 사용했는데 그 이름을 '불화살'이라 했다. 화살이 피부에 닿거나 스치기만 해도 사람의 혈관에 불같이 빠른 속도로 치명적인 독을 남겼기 때문이다. 또한 그들은 가연성 물질을 화살에 발라서 불을 붙인 뒤 쏘기도 했다. 그러면 적들의 막사는 물론이며, 주변 집들도 불에 타 버렸다. 고대 사람들이 적을 무찌르기 위해 불화살을 사용했다면, 오늘날 우리의 적은 우리를 공격하기 위해 유혹, 중상모략, 모독 같은 독을 이용한다. 그들은 이러한 독으로 우리의 생명을 취하고 우리의 평화를 태워 버리려고 한다. 하지만 믿음은 이 화살을 막아 내고 화살에 붙은 불까지 꺼버릴 수 있다. 온갖 유혹과 환난 가운데서 우리를 지켜 주시는 하나님의 능력은 얼마나 위대하고 놀라운가! 순교자들이 화형을 당할 때 그들이 극심한 고통과 아픔을 견뎌 낼 수 있었던 것은 그 격렬한 열기로부터 그들을 구원해 주시는 하나님의 기쁨과 평안이 있었기 때문이다. 비록 모든 사람들이 우리를 나쁘게 말한다 해도 우리의 마음속에는 평화가 강같이 흐르고, 우리의 의가 바다의 물결같이 일렁이며 우리를 지켜 줄 것이다! 우리가 만약 누군가의 비난 가운데 있다면 우리는 이렇게 말할 수 있다. "예수님이 자신의 피로써 백성을 거룩하게 하려고 성문 밖에서 고난을 받으셨듯이 히 13:12 내가 주님의 일을 하기 위해 지금 이 자리에 있구나." 사람들의 입에 발린 찬사는 치명적이고 지옥 같은 것이다. 오히려 사람들의 비난이 우리에게 좋은 것이다. 비난이여 오라, 그것이 나와 믿음의 동지들을 비참하게 만드는 대신 우리를 고결하게 만들 것이다! 그리고 이런 태도의 믿음은 불화살의 공격을 소멸시킬 때 자주 볼 수 있다. 이렇게 되면 불화살이 더 이상 우리의 평안을 무너뜨릴 수 없게 된다. 그러므로 이 모든 것 위에 믿음의 방패를 취하자!

　에베소서 6장 16절 말씀이 주는 또 하나의 권면은 바로 전신갑주 하나 없이 우리의 믿음만으로도 모든 화살을 소멸할 수 있다는 것이다. 투구는 오직 머리만 보호할 수 있으며, 신발은 오직 우리의 발만 보호할 수 있다. 그리고 흉패는 오직 우리의 가슴만 보호할 뿐이다. 하지만 믿음은 이 모든 부분을 향해 날아오는 모든 공격을 방어할 수 있다. 전신갑주를 갖추되 그 무엇보다 굳건한 믿음을 갖추자. 믿음은 만병통치약이기 때문이다. 믿음은 머리에 열이 날 때도 효력이 있지만 열로 인해 몸살이 날 때도 효력이 있다. 결국 믿음은 모든 것에 유용한 것이다.

믿음이 있다면 겁쟁이는 용감해질 것이며, 성급한 자는 지혜롭게 될 것이다. 믿음은 낙망한 사람들을 용감하게 만들어 주며, 무모한 사람은 신중하게 만들어 준다. 믿음이 우리에게 무익한 경우는 없다. 믿음은 모든 순간에 유용하다. 그러므로 어디에 가든지 자신의 믿음을 점검하자! 만약 그 외의 모든 것을 잃어버렸다 할지라도 이 모든 것보다 주의해야 할 것은 언제, 어디서든 믿음의 방패를 취하는 것이다.

여러분은 계속해서 이 모든 것 위에 믿음의 방패를 취하라는 말을 듣게 될 것이다. 왜냐하면 믿음은 모든 적으로부터 우리를 보호하기 때문이다. 어디선가 불화살 같은 공격이 올 때 믿음은 그것이 사탄에게서부터 비롯되었음을 깨우쳐 준다. 우리가 악한 자와 관련이 있더라도 믿음은 그 상황을 극복하게 해 준다.

> 무릇 하나님께로부터 난 자마다 세상을 이기느니라 세상을 이기는 승리는 이것이니 우리의 믿음이니라 요한일서 5:4.

우리의 적이 누구인지는 중요하지 않다. 우리가 믿음의 방패를 들고 우리의 적을 소멸하는 것이 더 중요하다. 그러므로 이 모든 것 위에 믿음의 방패를 취하라. 내가 아는 어떤 목사들은 성도들에게 의무적으로 두려움을 가르친다. 하지만 나는 결코 그렇게 하지 않는다. 아니, 감히 그렇게 할 수 없다! 그 무엇보다 믿음의 방패를 취하라고 말할 뿐이다.

사탄은 우리가 방패로 밀어 버릴 수 없을 만큼 가까이 접근한 다음, 그 방패를 잡아 올린 뒤 갑옷 밑으로 칼을 넣어 우리를 찌를 것이다. 그러므로 우리는 방패를 잘 들고 있어야 한다. 잠시도 방심해서는 안 된다. 낙망하거나, 불신의 상태로 있어서도 안 된다. "내가 믿는 자를 내가 알고 또한 내가 의탁한 것을 그날까지 그가 능히 지키실 줄을 확신함이라" 딤후 1:12는 말씀을 선포할 때까지 우리는 하나님께 기도해야 한다. 옛 성도들은 이 말씀을 전혀 의심하지 않았다. 그래서 솔로몬은 "내 사랑하는 자는 내게 속하였고 나는 그에게 속하였도다"아 2:16라고 했으며, 다윗은 "내 영혼에게 나는 네 구원이라 이르소서"시 25:3, "여호와는 나의 빛이요 나의 구원이시니"시 27:1, "여호와는 나의 목자시"시 23:1 시다"라고 고백했다. 또한 욥도 "내가 알기에는 나의 대속자가 살아 계시도다"욥 19:25라고 고백했다. 그리고 바울은 강한 자신감을 가지고 여러 지역을 다니며 하나님의 말씀을 선포했다. 믿음의 조상들은 하나님이 자신들의 영혼을 지켜 주시기에 안전하다고 고백했는데 우리는 그저 "주님을 소망합니다. 나는 주님을 신뢰해요." 정도의 고백에 만족할 것인가? 우리도 그들처럼 힘써 주님의 말씀을 이 땅 위에 선포해야 한다!

불신은 우리를 수치스럽게 만들고, 우리를 약하게 만들며, 우리의 평안을 파괴한다. 또한 불신은 우리를 소용없는 존재로 만들 뿐이다. 반대로 믿음은 우리를 행복하게 해 주며, 우리를 유용한 존재로 만들어 준다. 또 모든 것 가운데 가장 가치 있는 존재로 만들어 주며, 우리로 하여금 이 땅에서 하나님께 영광을 돌리게 한다. 지금 우리가 사는 이 땅이 아무리 낮은 곳에 있더라도 우리는 믿음이 있다면 그분의 임재를 누리게 될 것이다!

두려워 말고 담대하라

《천로역정》에서 크리스티나와 머시, 그리고 그 자녀들이 천국으로 향하는 문을 두드리던 장면을 기억하는가? 그들이 문을 두드리자 그 근처의 성에서 살고 있던 대적은 커다란 개를 보내어 그들을 향해 짖게 했다. 그러자 머시는 기절했고, 크리스티나만 담대하게 서서 다시 문을 두드렸다. 그녀가 바들바들 떨면서 드디어 문 안으로 들어서는 순간 근처의 성에 살던 남자들이 그녀에게 불화살을 쏘면서 발악을 했다. 머시는 화살들과 개 때문에 극심한 두려움에 떨고 있었다. 이렇게 한 영혼이 그리스도께로 나아올 때 사탄은 개처럼 그를 향해 울부짖는다. 귀신 들린 아이가 주님께로 나아올 때 마귀는 아이를 마구 때리고 할퀴며 상처를 입혔다. 하지만 시련 속에 있는 불쌍한 아이에게 기쁨과 평안을 가져다줄 수 있는 것은 믿음뿐이었다.

이제 우리는 하루를 시작하는 아침마다 주님께 받은 은혜를 기억하며 믿음의 방패를 손에 쥐어야 한다. 누군가는 나의 말에 "당신 말대로 해 보았지만 저는 제 안의 선한 것이라고는 조금도 찾지 못했습니다. 그리고 저는 지금껏 살아온 날들을 돌아보았지만 제대로 살아왔다고 할 만한 것을 찾지 못했습니다."라고 말할지도 모른다. 하지만 이런 말은 단지 자기 자신을 망칠 뿐이다. 추운 겨울날 "여러 겹 입었는데도 왜 이렇게 춥지?"라고 투덜거리며 손에는 얼음을 쥐고 있는 사람을 본 적이 있는가? 그는 따뜻해지는 방법 자체를 잘못 알고 있는 것이다. 만약 당신이 스스로를 위해 무언가를 하고자 한다면, 바울이 오랜 시간에 걸쳐 깨달은 진리를 깊이 상고해야 한다. "내 속 곧 내 육신에 선한 것이 거하지 아니하는 줄을 아노니 원함은 내게 있으나 선을 행하는 것은 없노라"롬 7:18.

당신은 또다시 "저는 위대한 일들을 많이 하려고 했지만, 쉽지 않았습니다. 제가 정말 하고자 하는 일을 제 마음에 있는 무엇인가가 반대하기 때문입니다."라고 할지도 모른다. 이해가 가는 말이다. 그래서 사도 바울조차 "선을 행하기 원하는 나에게 악이 함께 있는 것이로다"롬 7:21라고 말했다. 그러나 중요한 것은 당신을 방해하는 그것이 무엇인지는 살펴볼 필요가 없다는 것이다. 그런 마음이 생겨난 이유는 우리가 사탄을 향해 믿음의 방패를 들지 않았기 때문이다. 사탄은 당신의 경험에 관심이 없다. 오로지 울부짖음으로 우리를 공격할 뿐이며, 그가 두려워하는 것은 오직 우리의 믿음뿐이다. 사탄이 당신에게 "너는 너무 많은 죄를 지어서 구원받을 수 없어!"라고 말하는가? 그렇다면 성경 말씀으로 대적하라. 하나님은 내게 오는 자는 내가 결코 내쫓지 아니하겠다고요 6:27 말씀하셨어!"

언젠가 한 번은 마음이 연약한 그리스도인을 만난 적이 있다. 그는 이제껏 내가 만난 사람 중에 가장 크고 깊은 절망에 빠져 있었다. 나는 그에게 어떤 위로도 줄 수 없었다. 다만 성경 말씀으로 권면해 주었을 뿐이다. 그는 나에게 "죄가 너무 커서 저는 구원받지 못할 겁니다."라고 말했다. 그래서 나는 이렇게 대답했다. "아닙니다. 예수 그리스도의 보혈은 모든 죄로부터 당신을 깨끗하게 하셨습니다."

"물론 그 말이 맞지만 나는 그가 빛 가운데 계신 것 같이 우리도 빛 가운데 행하면 우리가 서로 사귐이 있고 그 아들 예수의 피가 우리를 모든 죄에서 깨끗하게 하실 것이요요일 1:7라는 말씀처럼 빛 가운데 행하지 않았어요. 그리고 저는 어둠 가운데 행했기에 하나님은 물론이며 그의 백성들과도 아무런 교제가 없었습니다. 그러므로 이 말씀이 나에게는 해당되지 않습니다."

"하지만 하나님은 자기를 힘입어 하나님께 나아가는 자들을 온전히 구원하실 수 있으니 이는 그가 항상 살아 계셔서 그들을 위하여 간구하심이라 히 7:25 고 말씀하셨습니다."

"그것은 성경의 한 문장일 뿐입니다. 저는 그 말씀 가운데 '온전히'라는 지경에 이를 수 없다고 생각하기에 목사님의 말에 그 어떤 평안도 느껴지지 않습니다."

"하나님이 당신에게 요구하는 것은 전혀 없습니다. 오직 당신이 그분을 믿고 따르면 됩니다. 만약 당신이 어린아이같이 연약한 믿음을 가지고 있다고 해도 당신이 그분을 따르기로 한다면 그분은 당신을 풍성함으로 받아주실 것입니다. 그러니 걱정 말고 주님께 손을 내밀어 보세요. 그것으로 충분합니다."

"하지만 저에게는 믿음의 손이 없습니다."

"그럼 입이 있지 않습니까? 당신이 주님의 은혜를 받을 손이 없다면 갈망하는 마음을 담아 주님께 입으로 사랑을 고백하면 되지요!"

"아니오. 저는 지금 기도조차 할 수 없습니다."

"그렇다면 지금 당신이 가진 것은 공허함과 빈 마음뿐이네요. 그 마음을 하나님께서 채우실 수 있도록 내어 드리면 어떨까요? 그분은 반드시 당신의 빈 마음을 채워 주실 것입니다."

그는 그제야 비로소 마음을 열고 이렇게 말했다. "그래요! 이제야 나를 제대로 보셨네요. 내 마음은 지금 공허함과 허망함뿐입니다. 하나님이 가장 공허한 죄인 하나를 골라야 한다면 저를 택하시겠네요?"

"맞습니다. 그리스도께서 당신의 빈 마음을 가득히 채워 주실 것입니다! 공허한 죄인을 채워 주실 수 있는 분은 오직 그리스도이십니다!"

이제 나는 마음이 허한 다른 이들에게도 같은 말을 해 주고 싶다. 하나님이 원하시는 것은 다름 아닌 우리의 빈 마음이다. 우리가 구원을 받기 위해 필요한 것은 없다. 그래서 성경은 "주리는 자를 좋은 것으로 배불리셨으며 부자는 빈손으로 보내셨도다"눅 1:53 라고 하는 것이다. 이제 우리가 할 일은 빈 마음으로 그분의 발 앞에 엎드리는 것이다. 우리가 주님 앞에서 낮아질 때 주님은 우리의 영혼에 자비를 베푸실 것이다!

이제부터 믿음의 방패를 가지고 사탄에게 선포하자.

"하나님의 이름으로 나는 그분을 신뢰하며, 그분을 믿어 의심치 않는다!"

"그래도 너는 죄인이야."

"그래, 나는 죄인이 맞아. 하지만 나는 그분이 위대한 구원자이심을 믿어!"

"하지만 너는 용서받을 수 없는 죄를 지었어."

"그분은 우리의 모든 죄를 사하실 것이며, 그분이 용서 못 할 죄는 없어!"

"너는 이미 끝났어!"

"아니, 비록 그분이 나를 죽이실지라도 나는 끝까지 주님만 의지할 거야!"

"너의 죄가 너무 많아 도저히 씻을 수 없어!"

"그분의 옷자락만 스쳐도 나는 깨끗하게 될 거야!"

"너는 참 뻔뻔해!"

"설령 내가 죽게 되어도 주님 품으로 돌아갈 것이기에 나는 끝까지 주님을 신뢰하고 신뢰해!"

우리의 영혼이 매번 사탄과 맞서 싸워 이기려면 우리는 전적으로 그리스도를 신뢰해야 한다. 당신이 어떤 죄를 지었든지 당신이 그리스도를 신뢰하고, 사탄의 말이 진실이든 거짓이든 주님의 말씀을 붙들고 그와 대적한다면 우리는 승리할 수 있다. 그러면 우리의 마음은 그 어떤 것과도 바꿀 수 없는 기쁨과 평안으로 가득 할 것이다.

이제 우리가 할 일은 우리의 감정이나 행동, 의지를 내려

놓고 주님께 나아가는 것이다. "주 예수를 믿으라"행 16:31는 말씀은 하나님의 명령이다. 혹시 예수님을 믿으면 나를 잃어버릴 것 같아 걱정되는가? 결코 그렇지 않다. 오히려 우리가 예수님을 믿지 않으면 모든 것을 잃어버릴 것이다. 혹시 주님을 믿게 되면 자신의 죄 때문에 심판받게 될까 두려운가? 성경은 "그를 믿는 자는 심판을 받지 아니하는 것이요 믿지 아니하는 자는 하나님의 독생자의 이름을 믿지 아니하므로 벌써 심판을 받은 것이니라"요 3:18라고 말했다. 그분을 믿는 자는 이미 심판에서 벗어났다.

우리는 성문 어귀에 앉아 죽기만 기다리던 한센병 환자왕하 7:3 같은 처지였다. 지옥에 있어야 마땅한 죄인이었다. 온 세상과 땅이 분노하며 삼키려 하고, 하늘이 천둥과 번개로 파괴시키고자 하며, 바다의 파도가 삼키려고 하는 자는 바로 우리들이다. 또 태양이 태워 죽이려 하며, 달이 돌풍으로 날려 버리려 하고, 곰팡이는 시체로 썩혀 삼키려 하며, 열병은 우리의 생명줄을 끊어 버리고자 한다. 그래도 우리는 이렇게 고백할 수 있다. "저는 하나님의 은혜로, 그리고 하나님의 약속을 믿으며 살아갑니다. 또한 저는 하나님의 아들 예수 그리스도를 믿으며, 그분의 보혈을 믿습니다. 그래서 제가 지금 여기에 이렇게 살고 있습니다. 아버지 보시기에 선한 일을 저에게 행하여 주세요."

성도들이여, 이제 나는 우리 모두가 그를 믿는 자마다 멸망하지 않으리라는 그분의 말씀을 믿으며, 믿음의 방패를 들고 앞으로 나아가기를 소망한다. 아멘!

Chapter. 6

성령의 검

성령의 검 곧 하나님의 말씀을 가지라

_에베소서 6:17

앞서 말했듯이 그리스도인이 된다는 것은 전사가 되는 것이다. 예수 그리스도의 군사는 이 세상에서 편한 삶 또는 세상과 친구 되는 삶을 추구해서는 안 된다. 이 세상과 친구가 되는 것은 곧 하나님과 원수 됨을 의미하기 때문이다. 하나님이 우리에게 원하시는 것은 영적 전쟁이다. 그러므로 그리스도인들은 자신에게 주어진 전신 갑주를 입은 뒤 다음과 같이 지혜롭게 선언해야 한다. "이 전신 갑주는 나에게 위험을 경고하는 것이다! 이것은 나로 하여금 전쟁을 준비하게 만들며, 이것은 나에게 대적이 있음을 예언하는 것이다!"

사실 영적 전쟁터에는 우리가 가만히 서 있기에도 버거울 고난들이 도사리고 있다. 그래서 사도 바울도 우리에게 "서라!"고 명령했던 것이다. 일단 우리가 적을 향해 한 발짝을 전진한다면 그 다음부터는 계속해서 전진하는 것이 어렵지 않다. 그리고 우리가 계속해서 담대하게 돌진한다면 우리는 머지않아 승리를 거두게 될 것이다. 하지만 자칫하여 우리가 달려오는 적군의 발아래에 깔린다면, 우리는 모든 것을 잃게 될 것이다. 그래서 우리는 반드시 하늘로부터 온 전신갑주를 입고 굳게 서서, 믿음의 대장이 지정해준 자신의 자리를 지켜야 한다.

방어뿐만 아니라 공격도 하라

사도 바울은 우리에게 전쟁터에 서 있을 뿐만 아니라 적의 공격에 저항도 해야 한다고 말했다. 전쟁터에서 단순히 방어만 해서는 안 된다. 우리도 적에게 공격을 가해야 한다. 이 말은 머리를 보호하는 투구만 취할 것이 아니라, 적군을 공격할 검도 취해야 한다는 것이다. 우리의 전쟁은 험난할 것이 당연하기에 우리는 굳게 서서 저항해야 한다. 그러기 위해서 우리에게는 야곱의 하나님으로부터 오는 하늘의 전신 갑주가 전부 다 필요하다.

전쟁을 통해서만 승리를 얻을 수 있다!

많은 사람들이 적과 싸우는 대신 타협을 하려고 한다. 하지만 진짜 그리스도인들은 타협만으로 좋은 결과를 얻을 수 없다는 것을 잘 알고 있다. 승리는 오직 전쟁을 통해서만 얻을 수 있기 때문이다. 그저 위기를 넘기기 위해 자신을 속이는 말은 거룩한 혀를 가진 사람에게 어울리지 않는다. 사탄은 거짓의 아비이며, 그의 무리는 애매모호한 말로 사람들을 속이는 데 일가견이 있다. 하지만 그것은 그리스도를 따르는 자들이 혐오하는 것이며, 동시에 멀리해야 하는 것이다. 만약 당신이 사탄과 평화로운 관계를 유지하면서 그들로부터 무언가를 얻고자 한다면 우리에게 돌아오는 것은 오직 치욕뿐이다. 우리 대장 되신 예수님은 우리에게 사탄과 휴전 협정을 맺거나 그에게 양보하라고 말씀하시지 않았다. 우리는 사탄과 타협이나 하라고 이 땅 위에 보내진 것이 아니다.

우리가 사탄에게 조금이라도 양보하게 되면 온 세상이 악에게 그만큼 양보하는 것이며, 선한 가치 역시 잃게 된다. 만약 우리가 어둠의 세력에 대해 분명하고 확실한 태도를 고수하지 않는다면 이 땅에 죄는 더욱 만연할 것이며, 죄가 고상한 것으로 받아들여질 것이다. 우리가 죄와 협력한다는 것은 죄가 가진 뻔뻔함과 악랄함을 부드럽게 만드는 것이다. 만약 우리가 죄에 대한 분명한 태도를 취하지 않는다면, 우리가 알고 있는 많은 교리들이 세상의 수준으로 타락할 것이다. 또 탐욕과 이기심 가득한 삶이 당연한 것으로 받아들여질 것이다. 그러므로 이런 일이 절대로 일어나서는 안된다! 평화가 있어야 한다면, 그 평화는 오직 예수님을 통해서 이루어져야 한다. 그전까지 우리는 그분이 명령하신 대로 악의 세력과 영적 전쟁을 치러야 한다.

우리는 중립을 지키려는 희망을 가지거나 기회가 생기면 사탄과 휴전을 하려고 해서도 안된다. 우리는 영적 전쟁을 쉬어서도 안되며, 사탄이 제공하는 음식을 먹으며 그들과 우호적인 관계를 유지해서도 안된다. 오직 주님이 주신 무기를 잡고 싸움터로 담대히 전진해야 한다!

말씀의 검을 취하라!

우리는 이 전투에서 우연히 이길 수 있으리라는 생각을 해서는 안된다. 우연한 행운에 의해 거룩하게 된 사람은 그 누구도 없기 때문이다. 자신의 부주의로 엄청난 피해를 입은 사람은 있었으나, 우연히 영적 전투에 성공한 사람은 이제껏 없었다. 모든 일이 그저 아무렇게나 흘러가도록 내버려 두는 것은 우리가 제 발로 지옥에 떨어지는 것과 다름없다. 우리는 가만히 기다렸다가 모든 문제를 쉽게 처리하라는 명령을 받지 않았다. 오히려 우리는 항상 기도하고 끊임없이 깨어 있으라고 부르심을 받았다. 우리가 앞서 읽은 본문, "성령의 검 곧 하나님의 말씀을 가지라"엡 6:17는 말씀은 우리에게 성령의 검을 '취하라'고 선포하고 있다. 이제 우리는 이 진리에 대해서 더는 논쟁할 필요가 없다. 또한 이 진리에 대해 협상이나 타협을 할 필요도 없으며, 해서도 안 된다. 하늘에서 천둥처럼 들려오는 말씀은 단 하나 "검을 취하라!"는 것이다. 우리 대장되신 예수님은 우리에게 나팔소리처럼 분명하게 "검을 가지라!"고 하셨다. 이제 모든 그리스도인은 오늘 우리가 읽은 말씀에 순종하여 분명하고 날카로운 태도로, 용감함과 확신으로 말씀의 검을 취해야 한다. 또한 우리는 이 검을 손에 쥐고 천국으로 올라가야 한다.

말씀으로 이루어진 성령의 검

우리가 입는 전신 갑주에는 여러 가지 장비들이 있으나, 공격용 무기는 오직 하나밖에 없다. 바로 성령의 검이다. 로마 군인들은 보통 창과 검을 함께 가지고 다녔다. 로마 근위병을 보면, 그들은 서 있을 때 항상 자신의 오른쪽에 창을 세워 두었으며 허리에는 검을 차고 있었다. 그러나 바울은 우리의 공격용 무기로 검과 창 중에 딱 한 가지, 검에만 초점을 맞추었다. 그 이유는 그 한 가지 무기가 모든 것의 해답이기 때문이다. 만약 우리가 영적 전쟁에 임하고자 한다면 우리는 그 유일한 무기인 검에 대해 잘 알고 있어야 한다.

성령의 검에는 고유한 특성이 있는데 그것은 바로 하나님의 말씀으로 이루어져 있다는 것이다. 그리고 이 검의 주인은 성령이다. 그분은 이슬처럼 고요하시고, 향유처럼 부드러우시며, 저녁에 부는 산들바람처럼 잔잔하시다. 또 그분은 평화로우신 분이다.

하지만 그분은 때때로 치명적인 무기처럼 거칠게 변하신다. 성령은 심판의 영이시기 때문이다. 그분에 대해 성경은 다음과 같이 이야기했다. "여호와는 용사시니 여호와는 그의 이름이시로다"출 15:3. 성령의 손에 있는 하나님의 말씀은 때로는 우리에게 치명적인 상처를 입히며, 사람의 마음에 피가 흐르게 한다. 혹시 당신은 주일 예배 때 하나님의 말씀으로 깊은 상처를 받은 적이 있지 않은가? 그 말씀을 듣고 화가 나지 않았는가? 어쩌면 당신은 너무 화가 나서 다시는 하나님의 복음을 듣지 않겠다고 다짐했을지도 모른다. 이처럼 성령의 검은 당신 영혼의 비밀스러운 곳까지 찌르며 수천 군데서 피가 나게 할지도 모른다. 하지만 이것은 상처 그 이상의 의미가 있다. 이를 통해 진정한 말씀의 집행이 이루어질 것이기 때문이다.

말씀은 당신을 상처 입히고 죽게 만들지만, 실제로는 그것이 당신을 살게 한다. 당신의 죄가 하나씩 씻겨 내려가기 때문이다. 성령은 우리의 죄를 단두대 위에 올려놓으시며 친히 형 집행자가 되셔서 그분의 칼로 우리의 죄목들을 잘라 버리신다. 성령의 검에 의해 잘려 나간 죄의 자리에는 하나님에 대한 찬양이 자리할 것이며, 두려움, 염려, 낙망,

불신까지 모두 이 검에 의해 잘려 나갈 것이다. 성령의 첫 번째 수술이 행해지고 나면 당신의 영혼은 거대한 싸움이 일어난 이후의 전쟁터처럼 변한다. 성령의 검은 전쟁에서 절대 빈손으로 돌아오지 않기 때문이다.

존귀하신 하나님의 성령은 언제나 악과 전쟁 중에 계신다. 그분은 한 민족을 타락시킬지도 모르는 그 어떤 악의 존재도 용납하지 않으신다. 그분의 검은 모든 가나안 족속이 멸망할 때까지 절대 잠잠치 않으실 것이다. 성령은 자신을 계시하실 뿐만 아니라 악을 정복하심으로써 그리스도를 영광스럽게 하신다. 그리고 이 전쟁은 힘겹겠지만 우리 주 예수님이 다시 오실 때까지 계속될 것이다. 왜냐하면 하나님의 성령은 미움을 대적하는 사랑이며, 거짓을 대적하시는 하나님의 진리이기 때문이다.

또한 성령은 죄와 사탄을 대적하는 거룩함으로 언제나 활발하게 활동하신다. 그분은 마지막 날에 승리하실 것이며, 그분과 함께한 많은 그리스도인들 역시 그분의 능력으로 정복자 이상의 승리를 거두게 될 것이다. 성령이 전쟁을 선포하시고 좌우로 날선 검을 휘두르실 것이기 때문이다.

사실 성령은 쇠로 만든 검이 아니라 하나님의 말씀을 휘두르신다. 성경이라는 놀라운 책에는 하나님의 입에서 나온 말씀들이 가득 차 있다. 이 말씀은 전쟁에서 승리하기 위해 성령이 사용하시는 단 하나의 무기다. 이것은 영적인 무기이기 때문에 그분이 사용하시기에 적합하다. 영적 전쟁에서는 육체적인 무기를 사용할 수 없다. 성령은 결코 박해나 후원, 무력이나 뇌물을 통해 일하시는 분이 아니며, 위압적인 자만이나 위협적인 힘을 사용하지 않으신다. 다만 하나님의 말씀으로 사람에게 역사하실 뿐이다. 말씀은 성령의 영적 본성과 그분이 성취하려고 하시는 영적 사역에 적합하다.

하나님의 말씀을 휘두르면 머리부터 발끝까지 사람의 영이 쪼개어진다. 그만큼 이 검은 무척 날카롭다! 비록 어떤 사람이 오랜 죄의 습관을 자신의 강력한 갑옷처럼 휘감고 있다 할지라도 주님의 말씀은 가장 강력한 강철까지도 자를 수 있다. 성령은 한 사람의 가장 깊은 중심에서 거룩한 말씀의 능력이 느껴지도록 할 수 있기 때문이다.

사람의 영과 싸움을 하든지 지옥의 사자와 같은 존재들과 싸움을 하든지, 뼈와 관절을 분리하여 마음의 생각과 의도까지 깊게 관통할 수 있을 만큼 날카롭고 강력한 무기는 오직 하나, 하나님의 말씀뿐이다! 하나님의 말씀이 사람의 심령을 찌르면 이 상처는 하나님의 능력으로 치유되기 전까지 절대 나을 수 없다. 하나님의 말씀에 상처 입은 양심은 피를 흘릴 것이며, 그 고통은 밤낮으로 지속될 것이다. 상처 입은 사람은 고통을 덮고자 여러 가지 방법 들을 찾아 보겠지만, 그 누구도 이 끔찍한 상처를 치료할 수 없다.

하나님의 말씀은 두 날을 가진 검으로서, 양쪽 날 모두가 날카롭다. 그래서 어느 쪽으로 휘두르든지 상처 입고 치명상을 입게 된다. 그분의 말씀으로 이루어진 성령의 검처럼 날카로운 물건은 이 세상에 없다. 그러므로 다른 사람을 정죄하기를 즐기는 사람은 이 검을 사용할 때 주의해야 한다. 다른 사람을 찌르기 위해 사용한 그 검이 어느 순간 자신에게 상처를 입힐 수 있기 때문이다. 만약 당신이 말씀의 검을 이용하여 육적인 소망을 이루고자 한다면 그 검은 당신에게 불신과 두려움이라는 상처를 줄 것이다. 또한 당신이 죄를 사랑하는 마음을 말씀의 검이라 속여 다른 사람을 공격하면 그 검은 교만의 검이 되어 당신을 찌를 것이다.

하나님의 말씀은 오직 성령이 사용하시는 검이다. 성령은 은혜로운 설교 가운데 임하시지만, 설교 가운데 하나님의 말씀이 담겨 있지 않을 때는 임하지 않으신다. 또한 성령은 때로 책을 통해서 일하시는데, 그 책 안에 하나님 말씀이 담겨져 있을 때에 비로소 움직이신다. 결국, 누군가에게 확신을 주는 것도, 회심하게 하는 것도, 그리고 위로를 하는 것도 오직 하나님의 말씀에 근거할 때 효력을 발휘한다. 그러므로 거룩한 목적을 위해 하나님의 말씀을 사용하는 지혜를 배우자. 성령은 기록된 말씀으로 임하시기도 하지만 스스로 말씀하시는 풍성한 능력도 가지고 계신다. 그러므로 성령은 하나님이시며 온 우주에서 가장 위대하신 영이시다. 모든 지혜가 그분 안에 있다.

그분은 자연을 다스리고 섭리를 운영하는 법에 통달하신 분이다. 또한 성령은 사람의 영에 있어 최고의 스승이시다. 그분은 광야에서 브살렐에게 성막에 쓰일 수공예 작품을 만드는 방법을 알려 주셨다 출 35:30-35. 모든 예술과 과학은 그분이 알고 계시는 것들이며, 그분은 지금까지 사람들이 발견하고 발명한 것 이상의 것들을 창조하실 수 있는 무한한 능력을 가지신 분이다.

하지만 그분은 이 모든 지식을 거룩한 싸움에 사용하지 않으신다. 어둠의 권세에 대항하는 전쟁에서 그분은 철학이나 과학, 수사학을 사용하는 대신에 '하나님의 말씀'을 검으로 사용하신다. '기록하였으되'로 이어지는 하나님의 말씀은 적과의 싸움에서 성령이 가진 최고의 공격 무기가 된다. 성령은 사탄과 싸울 때 이 말씀을 무기로 사용하시며, 오직 이 말씀만이 어둠의 권세와 거대한 싸움에서 사용하는 그분의 검이 된다.

성령이 만드신 성령의 검

하나님의 말씀이 성령의 검인 이유는 성령이 직접 이 말씀을 만드셨기 때문이다. 성령은 사람이 만든 무기를 사용하지 않으신다. 검을 만든 사람이 그 검을 사용하시는 성령께 대항하여 자긍심을 갖지 않도록 하기 위해서이다. 성령은 하나님의 말씀을 거룩한 사람들의 마음에 계시하신다. 그들에게 말씀하시며, 그분의 말씀을 기록하게 하셨다. 오늘날 우리가 읽는 성경은 성령이 주신 감동을 생생하게 기록한 글이다. 나는 그렇게나 많은 저자들을 사용하셨으면서도 자신의 생각을 일관되게 담아 두신 위대한 성령을 두 손 높이 들어 찬양한다.

우리는 성경의 저자인 모세, 다윗, 이사야, 바울, 베드로, 요한 등의 믿음의 조상들에게 감사해야 한다. 하지만 그 무엇보다도 성경의 원저자 되시는 성령께 가장 감사드려야 한다. 성령은 거룩한 성경 전체의 근원이 되시는 위대한 저자이기 때문이다!

한 사람이 자신의 검을 만들 때는 금속을 부드럽게 하고, 칼날을 수없이 담금질하는 등 심혈을 기울인다. 그 검에 생명을 의지해야 하기 때문이다. 성령도 직접 검을 만드셨으며, 그 검이 바로 성경이다. 성경의 모든 부분에 그분의 손길과 흔적이 남아 있다. 성경은 성령의 손에 합당하며 하늘의 재료로 만들어진 진짜 검이다. 성령은 이 검을 몹시 기뻐하시며, 하늘의 의로운 영광을 위하여 사용하신다.

성령은 성령의 검뿐만 아니라 그 칼날도 직접 만드셨다. 이 검 안에는 성령이 계시기 때문에 말씀의 검은 무척 날카롭다. 나는 성경에 하나님의 영이 깃들어 있다고 믿는다. 성경이 쓰여진 그때 뿐만 아니라 오늘날에도, 아마 앞으로도 그럴 거라고 생각한다. 성령은 지금 이 순간에도 말씀 속에 그분의 영을 불어넣고 계신다. 하지만 하나님의 임재가 없거나 그분의 영원한 능력이 함께하지 않는다면 그 말씀은 더 이상 날카롭지 않다. 이 고귀한 말씀을 읽고도 그 어떤 감동과 유익을 얻지 못하는 이들이 얼마나 많은가! 이처럼 의미 없이 성경을 읽을 바에야 차라리 철도 시간 안내표나 들여다보는 편이 낫다.

비록 사역자들이 전심을 다해 하나님 말씀을 전한다 해

도 성령이 함께하시지 않으면 아무런 유익도 없다. 그럴 바에야 차라리 도덕적인 이야기를 전하는 편이 낫다. 성경은 만나가 담긴 항아리를 담고, 그 위에서 하나님의 영광의 빛이 비추는 언약궤이다. 성령은 그 언약궤라는 말씀 안에서 역사하시며, 말씀 옆에서 역사하시고, 그 말씀을 통해서 그리고 그 말씀으로 역사하신다. 우리가 그 말씀대로 살아가면 성령이 우리와 함께 거하시고 우리가 그 말씀을 증거할 능력을 주신다. 복되신 성령이 우리의 복음 선포에 말씀의 칼날을 달아 주시기를 간구하자.

성령만이 검의 사용법을 알고 계신다

오직 성령만이 '성령의 검'의 사용법을 알려 주실 수 있다. 당신이 무작정 성경책을 들고 밖에 나가서 말씀을 전한다고 상상해 보자. 아무런 도움과 준비 없이 그 말씀을 효과적이며 성공적으로 전할 수 있으리라 생각하는가? 당신의 힘만으로는 반드시 실패하고 말 것이다. 검이라는 무기를 자기 멋대로 휘둘렀다가는 결국 자기 자신에게 상처를 입힐 뿐이다. 그리고 하나님이 태초부터 예비하셔서 훈련을 시킨 사람 외에는 아무도 성령의 검을 다룰 수 없다. 바로 이런 이유로, 하나님께 선택받은 사람은 하나님의 말씀을 존중하며 사람의 말과 하나님의 말씀을 분별할 수 있는 것이다.

들판에 있는 양을 보라. 수천 마리의 어미 양과 새끼 양이 한데 섞여 있어도 모든 새끼 양은 자신의 어미를 단번에 알아본다. 마찬가지로 진정 거듭난 하나님의 자녀들은 자신의 영혼을 살찌우기 위해 어디로 가야 하는지 잘 알고 있다. 그들은 말씀으로 목자의 음성을 구별하기에 하나님 외에 다른 사람을 따르지 않을 것이다. 그들은 사탄의 속임수에 쉽게 넘어가지 않을 것이며, 성도들은 본능적으로 성령의 음성을 들을 수 있다. 거룩한 삶이란 성령을 통해 하나님이 성도들의 마음속에 불어넣어 주신 것으로, 성경을 사랑하고 거룩한 목적을 이루기 위해 그 말씀을 어떻게 사용하는지 배우는 것이다.

젊은 병사들이여, 당신이 능숙한 검술사가 되고자 한다면 성령의 훈련장으로 가야 한다. 검술사가 되기 위해 철학가나 논법가를 찾아가는 것은 무의미한 일이다. 왜냐하면 그들은 무기를 다루는 방법에 대해 전혀 알지 못하기 때문이다. 그들이 학문에 있어서는 전문가일지 모르나, 거룩한 일에 대해서는 아는 것이 없다. 우리 역시 하나님의 말씀을 배우기 위해 성령의 학교에 입학하지 않는다면 평생 무지한 존재로 남을 것이다.

성령은 그리스도께 속한 것들을 취하셔서 우리에게 보여 주신다. 그분은 믿음으로 말씀의 검을 잡는 법을 가르쳐 주시며, 깨어 근신함으로 검을 굳게 잡는 법을 가르쳐 주신다. 그래서 우리는 적이 찌를 때 피할 수 있으며, 적군의 영토 안으로 담대히 나아갈 수 있다. 성령은 날마다 우리에게 이 위대한 검을 앞뒤로 휘두르면서 적의 한복판으로 담대히 걸어가 그들을 줄지어 쓰러뜨릴 수 있는 방법을 알려 주실 것이다. 물론 이러한 기술을 배우려면 긴 시간이 필요하다. 우리는 매일같이 무기 사용법을 훈련해야 한다. 우리들 중에 몇몇 사람이 영적 전쟁을 30~40년이나 치러 왔으면서도 말씀의 검을 온전히 다루지 못하는 이유는 훈련을 게을리했기 때문이다. 그러나 감사하게도 우리는 아주 탁월한 선생님을 모시고 있다. 그렇기에 그분을 따라 하루하루 훈련해 나가다 보면 어느덧 우리는 이 무기를 능숙하게 다룰 수 있을 것이다.

성령의 검은 전능자의 팔에 쓰이기 합당하다. 그러므로 우리가 하나님께 의지하고 성경 말씀대로 살아갈 때 우리가 생각하는 것 이상의 일들을 해낼 수 있다. 최고의 검술사이신 성령이 매일 아침 우리에게 오셔서 성령의 검을 사용하는 방법을 알려 주실 것이다. 그분이 어떻게 이 검으로 다른 사람을 찌르고 쪼개는지 우리에게 보여 주실 것이다.

우리는 성경을 통해 그분이 이루신 역사를 보았다. 그리고 그 안에는 성령의 검으로 찔러 죽인 수많은 사람들의 이야기가 담겨 있다. 성령의 검은 그 능력을 의심하는 자들을 골리앗의 머리처럼 잘라 버렸고, 염려와 불신으로 가득 찬 무리들의 영을 베어 버렸다. 우리는 하나님의 성령에 의해 그 검이 사용된다는 것이 무슨 의미인지 잘 알고 있다. 그것은 우리 안에 그분이 이루신 역사의 흔적을 남기는 것이다. 그분은 우리의 의심과 두려움을 죽이시고, 우리를 염려하게 만든 불신이 더 이상 남아 있지 않게 없애 버리셨다.

의심이 지나쳐 신앙의 근본적인 것들까지 의심하던 사람이 있었다. 그는 이런 자신이 너무도 싫었지만, 의심의 굴레에서 쉽게 벗어날 수 없었다. 그러던 어느 날 성령이 오셔서 그의 교만함을 치유해 주시고, 주님 말씀을 대적하며 심판을 일삼던 그의 마음을 은혜로 바꾸어 주셨다. 그 후 그는 성령의 빛 안에서 자신이 보아야 할 진리들을 보게 되었다. 불신이라는 거대한 거인은 성령의 검에 의해 치명적인 상처를 입었으며, 완전히 죽임을 당했다. 진리의 말씀이 주는 확신으로, 의심이 완전히 사라지도록 성령이 그 사람의 마음에 역사하신 것이다. 결국 성령이 육신의 욕망을 다스리시자 안목의 정욕과 육신의 자랑은 성령의 발아래 굴복했다. 그리고 그것들은 말씀의 권능 앞에서 전리품이 되었다.

성령은 영광스럽게 성령의 검을 사용하신다. 그분은 그 검만 취하시며 다른 어느 것도 찾지 않으신다. 우리도 하나님 말씀으로 이루어진 성령의 검을 사용하여 성령과 동일한 기쁨을 누리자. 비록 이 검은 성령께 속해 있지만, 우리는 연약한 손으로도 얼마든지 잡을 수 있다. 우리가 일단 그 검을 잡게 되면, 검을 사용하는 방법도 알게 될 것이며, 우리의 팔에서 하나님의 능력이 나오는 것을 보게 될 것이다!

성령의 검을 취하라는 부르심

사랑하는 형제자매들이여, 여러분은 성령의 검을 취하도록 허락받은 것이 아니라 명령을 받았다. 십자가의 군사로서 성령의 검을 취하라는 명령이 매우 영광스럽지 않은가?

보통은 이제 막 군사가 된 사람에게 장군의 검을 맡기지 않는다. 그러나 그런 일이 바로 지금 우리에게 일어났다. 이제 우리는 하나님의 무기인 성령의 검으로 무장하고 주 하나님, 바로 그분께 영광을 돌리도록 도전받았다. 그리고 하나님이 그 도전을 다른 누구도 아닌 나와 여러분에게 주셨다.

어떤 이는 "주님, 제가 어떻게 적군과 싸울 수 있을까요?"라고 물어볼지도 모른다. 그러면 성령은 이렇게 말씀하시며 우리에게 성령의 검을 건네주실 것이다. "자, 너에게 성령의 검을 줄 테니 이 검을 취하라! 이 검은 바로 나의 것이며 나는 이 검으로 놀라운 일들을 해 왔다. 이 검을 가지면 너를 대적할 자는 아무도 없을 것이다!" 그 검을 받는 순간 우리는 그 검이 가진 잠재력을 떠올릴 것이며, 우리는 신뢰함으로 그 검을 거룩한 전쟁에서 사용하게 될 것이다.

하나님의 검에는 모든 사람을 변화시키는 능력이 있다. 그 검이 우리의 낙망한 마음을 제거해 줄 수 있다면, 그 어떤 사람의 낙망 역시 제거할 수 있을 것이다. 그 검이 우리의 교만과 자기의지를 정복할 수 있다면, 다른 사람들도 순복하게 만들 수 있을 것이다. 우리에게 분명하게 이루어진 그 일을 따르기만 한다면 우리는 그 검의 능력에 대하여 온전한 확신을 얻게 될 것이며, 그 무엇도 우리의 확신을 빼앗아 가지 못할 것이다. 그러므로 바로 오늘부터 성령의 검, 곧 하나님의 말씀만 사용하라!

성령의 검이자 우리의 검이기도 한 하나님의 말씀

우리에게는 검이 필요하다. 우리의 전쟁은 아이들의 놀이가 아니라 살벌한 싸움이다. 무조건 무기를 많이 가졌다고 해서 이길 수 있는 것은 아니다. 우리 앞에 마주한 적을 이기려면 날카로운 검을 취해야 한다.

당신은 매우 조용한 성품을 지녔을지라도 당신의 적은 그렇지 않다. 설사 당신이 그리스도인의 성품에 맞는 전쟁을 하려고 했을지라도 적들은 그렇게 하지 않을 것이다. 어둠의 세력과 싸우는 것은 모의 전쟁이 아니라, 실제 상황이다. 사탄과 그의 부하들은 나쁜 일을 꾀하며 오직 우리의 영이 영원히 지옥에 머물기를 원한다. 그러므로 당신이 해야 하는 일은 승리를 예견하고 깃발을 흔들거나 북을 치는 것이 아니라 말씀의 검, 특히 날카로운 검을 취하는 것이다. 이 전쟁에서 당신은 적의 영과 혼, 관절과 골수를 분리할 수 있을 정도로 충분히 날카롭고 강한 검을 취해 악한 영들을 두렵게 만들어야 한다.

우리가 이 전쟁에서 승리하기 위해서는 적군에 더 가까이 다가가야 한다. 적은 우리의 허점을 엿보다가 우리의 심장을 찌르려고 할 것이다. 또 우리가 비록 창과 활을 쥐고 있어도 적군이 아주 가까이 다가오면 우리는 그를 찌를 수 없다. 그러므로 사탄과 싸워 이길 수 있는 유일한 무기는 오직 말씀의 검일 뿐이다. 형제자매들이여, 우리의 적은 우리의 주변을 배회하지 않는다. 그는 이미 우리의 마음 안에 들어와서 항상 우리 가까이에 있기 때문에 우리는 그를 쉽게 떨쳐 낼 수 없다. 그는 언제나 우리의 목구멍을 향해 자신의 검을 휘두를 준비를 한다. 만약 그들이 우리와 10킬로미터 정도 떨어진 곳에 서 있다면 우리는 대포 한 방으로 그를 제압 할 수 있겠지만, 안타깝게도 그들은 우리의 생각만큼 멀리 있지 않다. 그들은 바로 우리 앞에 서 있다. 아니, 그들은 이미 우리 안에 들어와 있다. 우리의 손과 발이 닿는 곳보다 더 가까운 곳에 말이다. 이런 상황에서는 돌팔매도 필요 없다. 오직 거룩한 성경 말씀이 담긴 성령의 검이 필요

할 뿐이다. 명심하자! 만약 우리가 검을 취하지 않으면 우리가 적을 죽이는 대신 그가 우리를 죽게 만들 것이다!

우리가 처한 지금 이 상황은 고지대에 살던 옛날 스코틀랜드 사람들과 다를 바 없다. 그들의 지도자는 군사들에게 다음과 같이 소리쳤다. "젊은이들이여! 저기 적군이 온다! 너희가 저 적군들을 죽이지 못한다면, 저들이 너희를 죽일 것이다!" 사탄과 우리 사이에 평화란 결코 있을 수 없다. 오직 피가 흐르는 전쟁만 있을 뿐이다. 그리고 그 혈전은 지금뿐만 아니라 마지막 날까지 계속될 것이다!

공격이 최선의 방어다

우리가 적을 공격하기 위해서는 반드시 성령의 검이 필요하다. 다시 한번 말하지만, 그리스도인은 죄를 짓지 않도록 자신을 지키거나 유혹에 빠지지 않는 것만으로 적을 대적할 수 없다. 우리는 언제나 악한 세력에 맞서 담대히 싸워야 한다. 우리에게 공격은 최선의 방어다. 나는 한 성도에게 이런 말을 들은 적이 있다. "자신이 그리스도를 따르는 삶을 살기 위해 하나님 말씀만 잘 지키면 되겠군요." 그는 공격 대신 방어하는 쪽이 가장 좋은 방법이라고 생각한 듯 보였다. 하지만 그 방법은 적절하지 않다. 전쟁에서는 종종 방어보다 공격을 택하는 것이 오히려 안전하기 때문이다. 그러므로 우리는 적의 영토에 들어가 전쟁을 수행해야 한다. 우리가 먼저 적이 가진 것을 빼앗는다면 우리는 그에게 많은 것을 잃지 않을 것이다.

단지 맑은 상태로 깨어 있으려 하지 말고, 적이 술 취한 상태를 공격하라. 또 우리가 해야 할 의무에만 집중하지 말고 하나님 나라가 풍성해지도록 끊임없이 기도해야 한다. 그저 "나는 내 아이를 바르게 키워 내 아이 곁에 사탄이 오지 못하게 할 거야!"라고 말하는 것이 아니라, 교회 학교 교사가 되어 아이들을 가르치며 그들을 영적 전선으로 데리고 가라.

나는 그런 일이 일어나지 않기를 바라지만, 만약 어떤 나라가 우리나라를 쳐들어와서 전쟁이 일어났다면 이렇게 말할 것이다. "모든 지역 사람들은 자신의 땅에서 적과 싸우라! 우리는 전쟁이 이곳까지 번지는 것을 원하지 않는다." 싸움에서 이겼다고 할지라도 전쟁이 휩쓸고 지나간 자리에는 참담한 피해가 남아 있기 때문이다. 따라서 적군을 끌어들이지 말고 적군의 영토에서 전쟁을 벌이는 것이 훨씬 더 현명한 일이다.

과거에 우리가 사탄과 맞서 열심히 싸웠다면 그는 오늘날 이처럼 끔찍하고 무자비하게 교회를 침략하지 않았을 것이다. 이제 우리는 말씀의 검을 쥐고 사탄을 공격해야 한다. 이것이 우리의 소명이자 스스로를 가장 안전하게 지키는 방법이다.

우리는 지금 실전을 위해 성령의 검이 필요하다. 혹시 당신은 하늘나라에 가서 편안한 마차를 타고, 관현악 연주를 들으며 유유자적하게 살 것만을 꿈꾸고 있는가? 그렇다면 커다란 실수를 하고 있는 것이다. 지금 당신은 전쟁터에 나와 있다. 그리고 당신의 적은 살기등등한 기세로 달려오고 있다. 하늘나라에서 당신이 원한 삶을 누리고자 한다면 지금 당장 성령의 검을 잡고 그와 대적 해야 한다!

우리에게 꼭 필요한 하나님 말씀

우리에게는 언제나 성령의 검, 곧 하나님 말씀이 필요하다. 이제 우리는 다윗처럼 다음과 같이 고백해야 한다. "그 같은 것이 또 없나니 내게 주소서"삼상 21:9. 여기서의 '그 같은 것'은 다름 아닌 검을 의미한다. 이 검만이 모든 이들에게 더 좋고 더 놀라운 일을 행할 수 있다.

성령의 검 이외의 다른 어떤 무기로도 우리의 적을 대적할 수 없다. 우리가 인간의 이성이라는 검으로 사탄에게 대적하다가는 유혹이라는 무기에 부딪쳐 검이 산산조각 나고 말 것이다. 당신이 진짜 예루살렘의 칼을 휘두르지 않는다면 당신은 무덤에 들어갈 위기에 처할 것이며, 당신의 손에 있는 육적인 무기는 손잡이까지 박살 나고 말 것이다. 부서진 칼을 꼭 쥔 채로 멍하니 서 있는 모습은 원수의 조롱거리가 될 뿐이다. 그러므로 우리는 이 말씀의 검을 취해야만 한다. 그래야만 적을 찌를 수 있을 것이며, 이 전쟁에서 마지막 날까지 살아남을 수 있을 것이다.

지금으로부터 20년이 지난 후 우리가 젊은이들에게 물려줄 경건한 결의는 무엇이겠는가? 우리가 열정을 쏟는 동안 우리의 거룩을 유지하게 해주는 힘은 무엇이겠는가? 안타깝게도 우리는 말씀의 검을 그다지 신뢰하지 않는다. 만약 우리가 하나님 말씀을 신뢰하지 않은 채로 영적 전쟁을 수행하다가 30년이 지나면 어떻게 될까? 아마 아무것도 남아 있지 않을 것이다. 주님의 말씀은 영원하다. 그 외에 어떤 것도 영원한 것은 없다. 처음 하나님을 믿기 시작할 때는 대부분 말씀대로 살아갈 수 있을 것이다. 그러나 우리가 지속적으로 진리의 말씀을 의지하지 않는다면, 말년에는 실패한 인생이 될 뿐이다.

나의 형제자매들이여, 비록 여러분이 각자 매우 다른 특성을 지니고 있다고 할지라도 나는 여러분 모두에게 이 검을 취할 것을 당부한다. 이 검은 모두에게 딱 맞다. 젊은이든 노인이든, 남자든 여자든 상관이 없다. 고아원 출신의 소녀도, 성경학교 출신의 젊은이도 성령의 검을 가진다면 젊은 날의 영적 전쟁에서 승리할 수 있다. 물론 나이가 팔십이 넘었다 할지라도 성경을 그 무엇보다 가치 있는 것으로 여긴다면 그 안에 담긴 말씀의 검이 베테랑 전사들을 위한 최고의 무기가 되어 줄 것이다.

젊은이들이여, 말씀의 검은 특히나 젊은이들에게 딱 맞는 것으로 가장 약한 사람과 가장 부드러운 사람들 손에도 적합하다. 성령은 이 거룩한 말씀이 위대한 사람으로부터 소심한 사람, 교육받은 사람부터 배운 것이 없는 사람까지 모든 이들의 영적 전쟁에 적합한 도구가 되도록 하셨다. 그러므로 이 대단한 검은 믿음의 손안에서, 놀랍고 강력한 도구가 될 것이다!

다른 이들이 무슨 말을 하든 우리에게는 말씀의 검 하나면 충분하다. 군사는 자신의 군주가 선정해 준 무기를 가져야 한다. 그리고 그리스도의 군사인 우리는 말씀의 검을 취하도록 명령을 받았다. 만약 당신이 성령의 검이 아닌 다른 검을 취하고자 한다면 당신은 반역죄를 짓는 것이며, 목숨이 위험해지는 것을 감수해야 한다. 그러므로 하나님의 말씀을 취하고, 언제나 자신의 심장 가까이에 두자. 주님이 우리에게 "성령의 검 곧 하나님의 말씀을 가지라"엡 6:17고 명령하셨다.

이제 우리는 우리가 들은 말씀대로 행해야 한다. 그리고 주님은 그 검을 내려놓으라고 하신 적이 없다. 그러므로 말씀의 검을 취하라는 명령은 우리가 죽는 날까지 계속될 것이다. 물론 주님이 자신의 검을 허리에서 푸시고 그분의 군대를 쉬게 하는 날이 언젠가는 올 것이다.

오늘날의 교회들은 웃음거리나 가벼운 노래 속에 복음을 담아 전하려고 한다. 하지만 하나님은 이런 것으로 말씀의 검을 대체하라고 말씀하신 적이 없다. 이것은 오로지 우리들의 생각일 뿐이다. 만약 당신이 말씀의 검이 아닌 오락이나 유희나 노래 가사를 통해 복음을 받아들인다면, 그것이 어떤 결과를 가져올지 잘 알 것이다. 이런 어리석은 장난감들을 사용한다면 당신은 위험에 처할 것이며, 결과적으로 실패하고 말 것이다.

성령의 검을 취하라

    바울이 살던 시대로부터 지금까지 이어지는 그분의 말씀은 확실하고 견고하다. "성령의 검을 취하라!" 이 외의 다른 어떤 무기도 우리를 전쟁에서 승리로 이끌지 못할 것이다. 우리는 이 검을 전시용으로 차고 다니라고 명령을 받은 것이 아니다. 어떤 사람들은 선반 위에 멋지게 장식된 성경책을 올려놓는다. 그러나 읽지 않는 성경은 그저 장식일 뿐이다. 전쟁터에 나간 군사에게 있어 검은 텐트에 걸어 놓는 장식품의 의미가 아니며, 바람에 흔들리는 깃발의 의미도 아니다. 그 검은 사용하기 위한 것이다. 그러므로 우리는 성령의 검을 칼집에 넣어 두어서는 안 된다.

    많은 이들이 성경을 가지고 있으나 말씀에 자신의 비판이나 의견을 첨가한다. 이런 행동은 검의 칼날을 무디게 만드는 것이다. 많은 사람들이 자신의 저급한 의견을 영감으로 포장하여 칼집에 새기고는 그 안에 말씀을 집어 넣어둔다. 이런 사람들은 사역자들이 마음을 다해 전한 말씀에 감동받은 뒤, 자신의 이론이나 속된 마음속에 그 말씀을 가두어 버린다. 또한 그들은 고집 센 태도로 그 말씀대로 살아가기를 거부한다. 왜냐하면 그 말씀이 가진 날카로운 칼날에 의해 자신들이 상처 입을지도 모른다는 불안감이 있기 때문이다. 결국 이런 사람들은 문화라고 이름 붙인 칼집, 철학이라 이름 붙인 칼집을 만들어 살아 계신 하나님의 말씀을 그 안에 담아 둔다.

그러나 우리는 그 어떤 곳에도 하나님의 말씀을 묻어 두어서는 안 된다. 오히려 우리는 그 말씀을 검으로 사용해야 한다. 결국 이 말은 먼저 하나님 말씀을 믿어야 한다는 것이다. 그것도 말씀의 일부가 아닌 전부를 믿어야 한다. 그리고 진실하고 진실된 마음으로 믿어야 한다. 믿는다는 것은 그저 교리적인 믿음을 의미하는 것이 아니다. 말씀을 매일 각자의 삶에 적용하면서 그 말씀을 사실로 굳건히 받아들이는 것이다. 성경 말씀을 믿고 말씀을 연구하자! 말씀을 연구하는 것은 곧 하나님을 연구하는 것과 다름없다. 성경 말씀들 중에 단 한 번도 읽어 보지 않은 구절이 있지는 않은가? 그렇다면 참으로 비참한 일이 아닐 수 없다. 우리는 성경 말씀 전체를 처음부터 끝까지 철저하게 읽어 나가야 한다. 그리고 성경을 읽기로 다짐했다면 그 일을 내일로 미루지 말고 오늘 당장 시작해야 한다. 기도하고 묵상하면서 성경 전체를 천천히 읽어 나가야 한다. 그리고 당신이 보지 못한 구절이 하나도 없도록 만들어 그 말씀이 진리임을 의심하지 않도록 하라.

성경을 읽을 때에는 그 의미를 찾아야 한다. 말씀의 깊은 광맥 안으로 들어가는 자는 가장 귀한 금을 얻게 될 것이다. 영국 남서부의 콘웰 금광은 더 깊이 파고 들어갈수록 더 큰 부를 얻을 수 있다고 알려져 있다. 이 말은 성경이라는 영적 금광에서도 동일하게 적용된다. 당신이 성령의 인도 아래 성경 안으로 더 깊이 들어갈수록, 당신에게는 더 거대한 보상이 있을 것이다. 그러므로 신실한 믿음을 가지고 말씀의 검을 취하라. 그런 다음 그 검을 언제든지 사용할 수 있도록 매일 훈련하라. 말씀의 검은 성실하게 훈련하는 자에게 주어질 것이다. 또한 당신에게는 이 검을 들고 일어설 기회가 주어질 것이다. 당신은 그 검으로 막을 것을 막고, 찌를 것을 찌르고, 죽일 것을 죽이게 될 것이다. 이 모든 일은 가정에서부터 시작되어야 한다. 그러면 두 손 가득히 보상을 받게 될 것이다. 당신의 가정 안에 있는 모든 적들을 죽이고 나면 당신은 머지않아 세상의 여러 곳으로 칼날의 방향을 돌릴 수 있을 것이며, 위선적인 교회 안에서도 승리를 거두게 될 것이다.

우리는 자신의 마음 안에 있는 한 무리의 도적 떼를 제거해야 한다. 그렇게 하려면 자신의 마음이란 영적 영토 안에서 항상 말씀의 검을 쥐고 서 있어야 한다. 다른 나라와 전쟁을 하려면 내부에서 발발한 내전을 먼저 마무리해야 하듯이 당신의 친구나 자녀, 이웃을 향해 말씀의 검이 나가기 전에 내 영혼이 먼저 승리를 거두어야 한다.

보라, 지금 이 세상은 악한 자 안에 놓여 있다. 온 세상이 죄와 온갖 유혹들로 가득하고 거짓된 조직들이 활개를 치고 있다. 그리고 사람들은 거짓의 아비에 의해 끌려다니고 있다. 나는 온갖 죄와 유혹에 이끌려 멸망해 가는 수백만 명의 사람들을 보면서 지금이 바로 우리가 칼집에서 검을 꺼내 휘둘러야 할 때라고 생각한다. 오, 강한 믿음의 전사들이여! 어둠의 권세를 짓밟으라!

말씀의 검을 취하고 굳게 서라

다시 한번 말하지만, 우리는 목적을 가지고 말씀의 검을 취해야 한다. 이것은 말씀의 검을 들고 굳게 서서 적과 맞서야 한다는 의미이다. 만약 당신이 굳게 서는 것을 방해하는 무언가가 있다면 검을 빼내어 당신의 의심을 먼저 내리쳐야 한다. 불신의 공격은 얼마나 강력한가! 불신은 당신의 구원을 의심하게 만든다. 그럴 때 우리는 말씀의 검으로 그 불신을 찔러야 한다. 예수님의 보혈과 말씀에 대한 확신을 가지고 불신을 머리끝에서 발끝까지 쪼개어 버리라. 물론 여기저기에서 또다른 불신이 고개를 내밀 것이다. 그러면 최대한 빨리 팔을 움직여 말씀의 검을 휘두르면서 모든 거짓들을 찌르고, 하나님의 진리의 말씀들을 부정하는 모든 생각들을 말씀의 검으로 철저히 조각내어 버리자! 당신은 유혹의 영들이 무리지어 달려드는 것을 보게 될 것이다. 그런 유혹들을 거룩한 말씀으로 맞서며 악한 욕망까지 모두 제거해야 한다. 말씀의 물로 씻어 내는 것은 영광스러운 세탁을 하는 것이다.

낙망은 아침 안개처럼 피어오르겠지만, 하나님의 말씀이 약속의 빛처럼 비추며 그 모든 것을 제거해 버리실 것이다. 당신을 억누르는 고통이 있다고 할지라도 완전하신 하나님의 말씀이 있다면 당신은 그 견딜 수 없는 불안감들을 모두 극복하게 될 것이다. 당신이 말씀의 검을 이용하며 불안감을 제거하게 되면, 모든 시련과 어려움들을 충분히 감내하게 될 것이다. 당신이 이 검을 손에 붙잡고 있으면 악한 날에 굳게 서게 될 것이며, 이 모든 것을 행한 후에도 굳게 서게 될 것이다.

또한 당신은 자신만 말씀의 검을 취하고 굳게 설 것이 아니라, 그리스도를 위해 다른 영혼들을 구한 뒤 그들과 함께 굳게 서야 한다. 결코 성령의 검 외에 다른 것을 이용하여 죄를 극복하려고 하지 말라. 또한 성령의 검 없이 다른 영혼을 붙잡으려고 해서도 안된다. 성경과 성령 없이 회심을 시도했다가는 사탄이 우리의 어리석음을 비웃고 조소할 것이다. 어린 용사여, 작은 나무칼을 가지고는 영적 전쟁에 나갈 수 없다. 머리부터 발끝까지 죄의 습성으로 무장된 세력과 맞서 당신이 나무칼을 손에 쥐고 무엇을 할 수 있겠는가? 주일학교 선생님들은 자신이 가르치는 아이들에게 더욱더 순전한 하나님의 말씀을 가르쳐야 한다. 그리고 목회자들은 독창적이거나 특이한 내용의 설교를 하려고 하지 말고, 예수 그리스도가 말씀하신 내용에 집중하여 사람들에게 선포해야 한다. 그것이 바로 성령이 하신 방법이며, 그것이 그분의 검을 사용하는 가장 현명한 방법이다. 하나님의 말씀 안에 있는 위대한 진리의 지식에 의지하지 않으면 그 누구도 회개할 수 없으며, 그리스도 안에 있는 생명에 이르지 못할 것이다.

나는 날마다 지금 세상에서 일어나는 강한 소음과 거대한 죄의 함성을 듣는다. 나는 이러한 것들이 교회에 들어감으로써 교회가 병들고 이 땅이 병들까 두렵다. 자기 자신을 드러내어 떠벌리고 자랑하기 좋아하는 사람들은 현명한 사람들이 하는 "갑옷 입는 자가 갑옷 벗는 자 같이 자랑하지 못할 것이라"왕상 20:11는 말에 귀를 기울여야 한다.

누군가 하나님 말씀이 아닌 다른 검을 가지고 적군에 나아간다면, 그는 차라리 자신의 검을 꺼내어 자랑하지 않는 편이 낫다. 왜냐하면 그는 곧 적의 공격에 부서진 검과 조각난 방패를 들고 후퇴할 것이기 때문이다. 주님의 말씀을 포기한 사람에게는 오직 실패와 후회만이 기다리고 있을 것이다.

현재 시제로 된 하나님의 명령

내가 마지막으로 여러분에게 강조하고 싶은 것은 우리가 오늘 읽은 본문 말씀이 현재 시제로 되어 있다는 점이다. 말씀의 검을 취하라는 이 명령의 의미는 곧 성령의 검을 언제, 어디서나 취하라는 것이다. 성도에게 찾아오는 시련은 각각 다를 것이다. 그러나 각자가 성령의 검을 취한다면, 모든 종류의 대적을 정복할 수 있을 것이다.

그리스도를 따르고 싶으나 자신의 의지대로 되지 않는 사람도 성령의 검을 취해야 한다. 어떤 이는 나에게 "저는 습관적으로 죄를 짓고 있습니다. 그 습관은 떨쳐 내기가 어렵습니다."라고 물을지도 모르겠다. 그렇다면 나는 그에게 하나님 말씀, 곧 성령의 검으로 그 습관적인 죄와 싸우라고 말할 것이다.

당신은 죄를 완전히 박살내고 쓰러뜨릴 수 있는 성경 말씀을 찾아 당신의 적에게 선포해야 한다. 당신은 지금껏 사탄에게 수도 없이 거친 공격을 받았다고 투덜거리고 있지는 않은가? 하지만 그 길을 당신보다 먼저 걸어간 이가 있다는 것을 기억해야 한다. 그분은 바로 우리 주 예수님이다. 예수님은 광야에서 사탄에게 시험을 받으셨다. 그분은 수천 개의 무기로 사탄과 맞서 싸울 수 있었지만, 오로지 한 가지 무기를 택하셨다. 다름 아닌 "기록되었으되"라고 시작하는 성경 구절이었다. 그분은 오직 날카로운 말씀의 검으로 대적을 찔러 치명적인 상처를 입히셨다. 그러자 그 대적도 말씀으로 방어해 보려고 "기록되었으되"라는 무기를 사용했다. 그러나 그는 하나님 말씀을 제대로 알지 못한 채 인용했고, 결국 자기 자신을 찌른 꼴이 되었다. 우리 주님은 사탄의 검을 쳐 내고 그에게 더 깊은 상처를 주셨다.

우리 주님이 보여 주신 본을 따라가자. 어떤 이는 자꾸만 낙심이 된다고 말할지도 모른다. 하지만 괜찮다. 하나님의 말씀으로 그 낙심과 싸워 이기면 된다. 누군가는 나에게 이런 말을 했다. "의사가 내게 마음을 밝게 하려면 마음을 작게 품으라고 했어요." 그러나 그것은 병을 환자의 탓으로 돌리려는 의사의 변명일 뿐이다. 낮아진 영혼을 위해 하나님 말씀을 사용하라. 그러면 당신은 회복될 것이다.

나는 나의 말과 마음속에 하나님의 말씀을 하루 종일 두는 것만으로도 충분히 행복해진다는 것을 발견하게 되었다. 자신을 위로할 말씀을 찾지 못했을 때 마음이 무겁고 복잡해진다. 그러니 말씀의 검을 쥐고 낙망, 좌절과 싸워야 한다.

물론 나는 지금 당신에게 닥친 어려움을 구체적으로 알 수 없다. 하지만 모든 거룩한 전투를 위한 지침 하나는 분명하게 제안할 수 있다. "성령의 검 곧 하나님의 말씀을 가지라"엡 6:17.

당신은 모든 적군을 정복해야 한다. 그리고 그렇게 하기 위해서는 무기가 필요하다. 당신이 죄를 정복하고 불신을 넘어서려면 "땅의 모든 끝이여 내게로 돌이켜 구원을 받으라"사 45:22는 말씀을 취해야 한다. 이와 같은 마음으로 당신이 구원을 받고자 한다면, 의심은 사라지고 죄는 완전히 없어질 것이다. 그리고 그리스도를 따르는 당신을 위해 성령의 도우심이 매 순간 함께하실 것이다! 아멘!

Chapter. 7

그리스도,
사탄의 정복자

내가 너로 여자와 원수가 되게 하고

네 후손도 여자의 후손과 원수가 되게 하리니

여자의 후손은 내 머리를 상하게 할 것이요

너는 그의 발꿈치를 상하게 할 것이니라 하시고

_창세기 3:15

우리가 앞서 읽은 창세기 3장 15절 말씀은 이 세상에 분명하게 전달된 하나님의 복음 설교이다. 여호와 하나님이 직접 설교자가 되셨고 전 인류와 어둠의 권세를 잡는 자는 청중이 되었다. 이 말씀은 죄를 지은 아담과 하와에게 형벌이 선고되기 전에 오히려 뱀에게 형벌을 인도하는 방식으로 선포되었다. 그리고 여자에게는 해산의 고통이 임할 것이며, 남자는 힘에 부치는 노동의 수고를 해도 그 땅이 저주를 받아 가시와 엉겅퀴를 내게 될 것이라는 선고가 내려지기 전에 하셨던 말씀이다창 3:16-18. 인간이 타락한 뒤에 이처럼 빨리 위대한 복음의 메시지가 선포되었다는 것은 정말 놀라운 일 아닌가?

첫 번째 복음 설교

하나님은 아담에게 "너는 흙이니 흙으로 돌아갈 것이니라"창 3:19고 말씀하시기 전에 뱀을 향하여 "여자의 후손은 네 머리를 상하게 할 것"창 3:15 이라고 하셨다. 그러므로 우리는 하나님의 긍휼을 기뻐해야 한다. "긍휼은 심판을 이기고 자랑하느니라"약 2:13는 말씀처럼 우리가 비록 죄를 지었지만 하나님은 위로의 말씀으로 다가오셨다. 앞서 읽은 말씀은 아담과 하와에게 초점을 맞춘 것이 아니라 그들을 유혹한 뱀에게 주는 형벌을 분명하고도 직접적으로 말씀하신 것이다. 이날은 하나님이 자신의 악한 욕망을 채우고 자신의 죄악된 욕정을 만족시키려 했던 뱀의 추악한 기쁨을 철저하게 짓밟아 버리신 승리의 날이었다.

사탄은 새롭게 창조된 에덴동산에 죄가 들어오게 했다. 이로써 하나님이 만드신 작품의 일부를 파괴해 버린 것이다. 또한 사탄은 하나님의 형상으로 창조된 인류에게 자신의 악한 형상으로 낙인을 찍었다. 그래서 반역을 일삼고 수

많은 죄를 짓는 새로운 세력으로 만들었다. 사탄은 이를 통하여 지옥을 품은 자만이 알 수 있는 악마적인 기쁨을 누렸을 것이다. 하지만 이제 하나님이 전쟁을 시작하심으로, 일시적인 성공을 누리던 사탄에게 일격을 가하시고 그를 패배자로 만들었다. 하나님은 사탄에게 다음과 같이 선포하셨다. "내가 너와 싸울 것이다. 이 전쟁은 뱀과 사람의 전쟁이 아니라 나와 뱀의 전쟁이다."

하나님은 또한 뱀에게 엄숙하게 말씀하셨다. "내가 너로 여자와 원수가 되게 하고 네 후손도 여자의 후손과 원수가 되게 하리라." 그리고 때가 차면 승리자 그리스도가 일어날 것인데, 그는 비록 고난을 받겠지만 뱀에게 치명적인 해를 입히실 거라고 약속하셨다. 내가 볼 때 이 약속은 아담과 하와에게 자비를 베푸시는 위로의 메시지로 여겨진다. 왜냐하면 그들은 겨우 자신들을 속인 뱀이 처벌을 받을 것만 확신하고 있었기 때문이다. 그러나 하나님이 선포하신 이 약속에는 표면적인 의미와 다른 암시적인 의미가 담겨 있다. "내가 이렇게 심판을 행하는 이유는 타락한 남자와 여자, 그리고 그들의 자손만을 위해서가 아니라 나의 이름과 영광을 위해서이다. 즉, 타락한 영들 사이에서 나의 이름이 훼손되고 모욕당하게 하지 않기 위함이다. 그리고 뱀에 의해 손상되어 업신여김을 당하던 나의 이름과 나의 영광을 회복하려는 것이다."

겉보기에는 이 모든 상황이 매우 비참하게 느껴질 수도 있다. 그러나 하나님의 진리에 대해 숙고했던 '믿음의 조상'들에게 이 말씀은 오히려 위로가 되었다. 그 이유는 그들이 하나님의 영광을 위해 이루어지는 이 심판 안에서 그분의 자비를 보았기 때문이다. 또 그들은 곤란한 상황에서도 이 말씀이 자신을 위해 약속된 그 어떤 것보다 더욱 확실한 약속이라고 여겼다. 결국 하나님의 구원의 능력과 영광은 인간의 그 어떤 능력보다도 강력한 희망의 기초가 된다는 것을 알 수 있다.

여자의 후손과 뱀의 후손

이제 우리는 이 말씀으로 인해 믿음의 조상들이 자신들의 믿음을 굳게 할 수 있었다는 사실에 집중해야 한다. 이 말씀은 아담에게 계시로 주어졌으며, 그의 아들 아벨이 전해 들은 전부였다. 그리고 그 말씀은 아벨의 하늘에 밝게 빛나는 유일한 별이었다. 그는 이 진리의 말씀을 들은 이후로 그 말씀을 굳건히 믿고 있었다. 그래서 그는 희생 제사를 드렸으며, 제단 위에 자신이 키운 첫 양의 새끼와 그 기름을 올렸다창 4:4. 아벨은 자신의 삶을 통하여 어떻게 뱀의 후손이 여자의 후손을 미워하는지를 그대로 보여 주었다. 자신이 드렸던 고백의 제사로 인하여 그의 형 가인에게 죽음을 당한 것이다.

비록 아담의 칠 대 손인 에녹은 예수님의 재림에 대해 예언을 하긴 했으나유 1:14. 예수님의 초림에 대해서는 그 어떤 예언도 하지 않았다. 그래서 여자의 후손이 뱀의 머리를 가격하리라는 이 말씀이 인류의 유일한 약속의 말씀으로 남았던 것이다. 주님이 자신의 종 노아에게 이 땅을 멸하리라고 약속하셨을 때도, 인류가 쫓겨나기 바로 직전까지 에덴동산의 문 안에서 타오르던 주님이 주신 복음은 세상의 유일한 빛이었다. 대홍수가 일어나기 전에 살았던 고대의 조상들은 오늘 우리가 읽은 이 신비한 말씀으로 인해 기뻐하고 그 말씀만을 의지하다가 숨을 거두었다. 그들은 결국 믿음으로 살고 믿음으로 죽은 것이다.

형제자매들이여, 이 말씀을 집중하여 묵상하다 보면 그 안에 놀라운 의미가 가득하다는 것을 알게 될 것이다. 마치 도토리 안에는 도토리나무가 들어 있는 것처럼, 그리스도의 복음을 이루는 하나님의 위대한 진리들이 말씀 안에 담겨 있음을 기억하자. 바로 여기에 성육신의 거대한 비밀이 담겨 있음을 기억하자. 그리스도는 여자의 후손이다. 그런데 바로 여기에 의심의 여지가 없는 힌트가 있다. 곧 성육신이 어떻게 이루어졌는가에 대한 힌트이다. 예수님은 인류의 일반적인 생명 원리에 따라 사람의 아들로 태어나지 않으셨다. 예수님의 어머니인 마리아에게 성령의 덮으심이 있었고, 마리아의 출산은 인성을 입으신 예수님이 '여자의 후손'으로 태어나신 '거룩한 일'이었다. 이는 "보라 처녀가 잉태하여 아들을 낳을 것이요 그 이름을 임마누엘이라 하리라"사 7:14는 말씀이 성취된 것이다.

이 약속은 이 땅의 구원자가 여자의 몸에서 태어날 것임을 이야기하고 있는데, 주의 깊게 살펴보면 구속자의 임신 및 출산이 하나님의 방식임을 알게 된다. 그래서 두 종류의 후손이 있을 것에 대한 하나님의 약속이 창세기 3장 15절의 말씀에서 분명하게 드러나는 것이다. 이는 또한 이 세상에서 여자의 후손으로 하나님의 편에 선 사람들은 뱀의 후손으로 뱀의 편에 서 있는 사람과 적 대적인 사이라는 것을 가르쳐 주고 있다.

이 땅에서 하나님의 교회와 사탄의 모임이 공존하고 있

다. 우리는 그 증거로 아벨과 가인, 이삭과 이스마엘, 야곱과 에서가 함께 존재하는 것을 보았다. 육체를 따라 태어난 사람들은 사탄의 자녀들이며, 그들은 사탄이 한 행동을 그대로 답습한다. 그러나 그리스도의 생명의 능력에 따라 성령으로 거듭난 사람들은 그리스도 안에서 살아간다.

그리고 여자의 후손은 사탄과 그 후손들에 대항하며 살아간다. 아울러 "너는 그의 발꿈치를 상하게 할 것이니라" 창 3:15는 말씀 안에는 그리스도의 고난에 대한 위대한 사실이 예언되어 있다. 베들레헴에서부터 갈보리 언덕에 이르시기까지 주님이 겪게 되는 모든 슬픔과 역경과 고난이 담겨 있는 것이다. 그렇지만 "여자의 후손은 네 머리를 상하게 할 것이요"창 3:15 라는 말씀에는 결국 사탄의 권세가 파괴될 것임이 암시되어 있다. 바로 여기에 완전한 죄 씻음이 있다. 바로 여기에 부활에 의한 죽음의 파괴가 있다. 바로 여기에 사로잡힌 자들을 사로잡는 승천이 있으며, 성령으로 말미암은 진리의 승리가 있다. 그리고 바로 여기에 사탄의 세력이 결박되는 영광의 날이 있다. 그때 그를 따르는 모든 무리들이 사탄과 함께 지옥 불로 떨어질 것이다.

이 진리에 대해 처음 접하는 사람들에게는 나의 설명이 어딘가 부족하다고 느껴질지도 모른다. 그러나 이 진리의 말씀은 우리에게 밝은 빛과 다름없다.

　앞서 읽은 창세기 3장 15절 말씀이 처음에는 딱딱하고 어렵게 느껴질지도 모른다. 그러나 그 말씀 안에는 하나님의 영원하신 사랑과 은혜의 불씨가 숨겨져 있기에 엄청난 불꽃들이 튀어나온다. 이제 우리는 은혜로우신 하나님의 약속을 신뢰함으로 차고 넘치는 기쁨을 누려야 한다. 우리의 첫 조상인 아담과 하와가 이 말씀을 통해 무엇을 얻었는지 우리는 정확히 알 수 없다. 하지만 우리는 이 말씀을 통해 그들이 큰 위로를 얻었으리라 확신할 수 있다. 주님이 그들에게 '후손'에 관하여 언급하셨기 때문이다. 그 말씀을 듣고 그들은 분명 자신들이 곧바로 멸망하지 않으리라는 것을 알아차렸을 것이다. 여자의 후손이 하와에게서 태어나야 한다면, 하와는 당연히 살아 있어야 하기 때문이다. 또한 그들은 여자의 후손이 뱀을 이기고 뱀의 머리를 상하게 한다면, 이러한 내용을 담고 있는 하나님의 약속이 자신들에게 선한 것이라고 받아 들였을 것이다. 그리고 자신들의 후손이 자신들을 타락하게 만든 사탄을 정복함으로써 얻게 될 승리는 한없이 크고 유익하리라는 것도 알게 되었다. 그들은 이러한 믿음이 있었기에 해산의 고통과 노동의 수고 속에서도 위로를 얻었을 것이다. 나는 아담과 하와가 이런 믿음 속에 살다가 영원한 안식에 들어갔을 거라고 생각한다.

나는 이제 앞서 우리가 읽은 성경 말씀을 세 가지 방향으로 다루고자 한다. 가장 먼저, 이 말씀 안에 담긴 사실들에 대해 확인할 것이다. 그다음으로는 이렇게 확인한 사실을 우리가 구체적으로 어떻게 경험했는지 알아볼 것이다. 그리고 마지막으로는 이 말씀이 우리에게 어떤 위로를 주는지 살펴볼 것이다.

창세기 3장 15절을 통해 알 수 있는 사실 1
여자의 후손과 뱀의 후손은 원수가 된다

본문에서 볼 수 있는 첫 번째 사실은 여자의 후손과 뱀의 후손이 적대적 관계라는 점이다. "내가 너로 여자와 원수가 되게 하고…"의 의미는 이 말씀이 선포되기 전 여자와 뱀은 매우 친밀한 사이였다는 것을 알려 준다. 그들은 함께 대화를 나누었으며 하와는 뱀이 자신의 친구라고 생각했을 것이다. 그래서 그녀는 뱀이 위대한 창조주이신 하나님에 대해 나쁘게 말하는데도 그 말에 현혹되었을 것이다. 이는 뱀이 간교하고 교묘한 존재이기에 가능한 일이었다. 그러나 여자가 하나님께 "뱀이 나를 꾀므로 내가 먹었나이다" 창 3:13 라고 하는 순간 여자와 뱀 사이의 우정은 끝장이 나게 되었다. 그들은 이미 싸우기 시작했고, 주님이 그 두 사람의 싸움에 개입하시어 그들의 싸움을 은혜로운 방향으로 이용하셨다. 이 분쟁을 더 거대한 가치로 이끌 것이며, 여자와 뱀이 적대적인 관계가 될 거라고 말씀하신 것이다.

사탄은 사람의 후손이 자신의 동지가 될 것이라고 생각했다. 그러나 하나님은 이러한 연합을 깨뜨리시고 사탄의 세력에 대항하여 전쟁을 감당할 믿음의 후손들을 일으키셨다.

결국 이 말씀 안에는 죄와 사탄의 폭정에 대항하는 왕국을 세우실 것이라는 하나님의 최초 선언이 담겨 있다. 이제 하나님은 손수 택하신 그분의 후손들의 마음 안에 악에 대항하는 적대감을 심어 주심으로써 그들이 사탄과 싸우게 하셨다. 그리고 전쟁 중에 고통과 고난이 있더라도 우리가 끝내 어둠의 세력들을 정복하도록 하셨다. 또한 성령은 사람을 사탄의 대적이자 정복자로 만드셨다. 그리하여 결국 주님의 계획과 목적을 이루어 내셨다.

나는 이러한 이유로 여자가 사탄을 미워하게 되었으리라 믿어 의심치 않는다. 사탄이 하는 말에 속아 넘어간 것에 대해 그녀 스스로 셀 수 없을 만큼 후회를 했을 것이기 때문이다. 그러므로 여자의 후손도 마찬가지로 사탄에게 진한 적대감을 가졌을 것이다. 여기서 말하는 여자의 후손은 육신의 자녀가 아니다. 바울이 우리에게 "육신의 자녀가 하나님의 자녀가 아니요 오직 약속의 자녀가 씨로 여기심을 받느니라"롬 9:8고 말한 것처럼, 약속의 자녀를 말하는 것이다. 즉 약속의 자녀는 남자와 여자 사이에서 태어난 육적인 후손이 아니라, 그리스도 예수와 그 안에 있는 영적인 후손들을 의미한다.

그래서 약속의 자녀들은 언제 어디서 뱀을 만나든 그를 철저하게 증오한다. 만약 우리가 우리의 영혼에서부터 사탄의 모든 것을 파괴할 수 있다면, 죄와 악에 고통받아 신음하는 세상으로부터 악한 것들을 뿌리 뽑을 수 있을 것이다. 여자의 영광스러운 후손 즉, 예수 그리스도가 사탄과 그의 모든 악행을 얼마나 혐오하시는지 당신은 잘 알고 있다. 우리가 잘 알다시피 그리스도와 사탄 사이에는 적대감이 있다. 왜냐하면 그리스도가 사탄의 일을 파괴하시고 사탄에게 사로잡힌 이들을 구원하러 오셨기 때문이다. 바로 그 목적을 위해 그리스도가 태어나셨고, 바로 그 목적을 위해 그분은 살아가셨다. 바로 그 목적을 위해 그리스도는 십자가에 못 박혀 죽는 것을 택하셨으며, 바로 그 목적을 위해 그리스도는 영광 안으로 들어가셨다. 무엇보다 바로 그 목적을 위해 그리스도는 다시 오실 것이다. 그분의 적이 발견되는 곳이 어디든, 그리스도는 사탄을 완전히 멸망시키실 것이며, 사람들 사이에서 행하는 사탄의 일들도 파괴하실 것이다.

결국 인간의 후손과 뱀의 후손이 서로 적대적인 관계가 되게 하신 것은 하나님의 자비로운 계획의 시작으로, 은혜의 과정이 이루어지는 첫 번째 역사였다. 그 후로부터 여자의 후손에 대해서는 다음과 같은 찬양이 이어졌다. "왕은 정의를 사랑하고 악을 미워하시니 그러므로 하나님 곧 왕의 하나님이 즐거움의 기름을 왕에게 부어 왕의 동료보다 뛰어나게 하셨나이다"시 45:7.

창세기 3장 15절을 통해 알 수 있는 사실 2
여자의 후손은 승리자가 될 것이다

하나님은 첫 번째 예언 뒤에 여자의 후손이 뱀의 머리를 상하게 할 것이라는 두 번째 예언을 하셨다. 이 말은 즉, 악속을 따라 여자의 후손으로 나신 예수 그리스도가 승리자가 되셔서 사탄을 대적할 것이라는 의미를 담고 있다. 그리고 이 예언도 사실로 판명되었다.

선지자 미가는 예수 그리스도의 탄생을 다음과 같이 예언했다. "베들레헴 에브라다야 너는 유다 족속 중에 작을지라도 이스라엘을 다스릴 자가 네게서 내게로 나올 것이라 그의 근본은 상고에, 영원에 있느니라 그러므로 여인이 해산하기까지 그들을 붙여 두시겠고 그 후에는 그의 형제 가운데에 남은 자가 이스라엘 자손에게로 돌아오리니" 미 5:2-3. 베들레헴에서 복된 처녀의 몸에서 태어난 아기, 바로 예수 그리스도 외에는 그 누구도 이 말씀에 합당하지 않다. 마리아가 성령으로 잉태하여 낳은 아들, 바로 그분을 우리는 다음과 같이 찬양한다. "이는 한 아기가 우리에게 났고 한 아들을 우리에게 주신 바 되었는데 그의 어깨에는 정사를 메었고 그의 이름은 기묘자라, 모사라, 전능하신 하나님이라. 영존하시는 아버지라, 평강의 왕이라 할 것임이라" 사 9:6.

그 잊지 못할 밤에 베들레헴에서, 하늘의 천사들이 노래할 때, 여자의 후손이자 우리의 구주 예수 그리스도가 태어나셨다! 그리고 그분은 옛 뱀, 곧 사탄의 조종을 받은 헤롯에게 죽음을 당할 위기에 처했으나, 하늘 아버지는 그분을 보호하시고 아무도 그분께 손을 대지 못하게 하셨다. 그로부터 삼십 년이 지난 후에 공개적으로 사역의 현장에 가셨을 때, 사탄은 그분을 직접 만났다. 우리는 광야의 유혹 이야기가 어디에서, 어떻게 일어났는지 잘 알고 있다. 또 거짓말쟁이 사탄에 맞서 여자의 후손이신 그분이 어떻게 싸우셨는지도 잘 알고 있다. 사탄은 자신이 사용할 수 있는 모든 아첨, 악의, 술책과 거짓말을 사용하여 그분을 공격했다. 그러나 그와 비길 수 없는 승리자 예수님은 하늘 아버지에 대한 굳건한 믿음으로 상처 하나 없이 원수를 쫓아 버리셨다.

그 후에 우리 주님은 자신의 나라를 세우셨고, 사람들을 자신에게로 부르셨으며 원수와의 전쟁을 시작하셨다. 그분은 악한 자들과 더러운 영들에게 다음과 같이 말씀하셨다. "말 못하고 못 듣는 귀신아 내가 네게 명하노니 그 아이에게서 나오고 다시 들어가지 말라"막 9:25. 예수님이 이렇게 말씀하시면 사탄은 도망갔다. 한 무리의 귀신들은 그분이 두려운 나머지 돼지 떼 속으로 들어가기를 간청하며 다음과 같이 말했다. "때가 이르기 전에 우리를 괴롭게 하려고 여기 오셨나이까"마 9:25. 그리스도가 놀라운 역사를 행하실 때 고통당하는 육체로부터 도망쳐 나오며 귀신들이 울부짖은 소리였다.

예수님은 그분의 제자들에게 사탄을 물리칠 수 있는 능력을 주셨다. 또 그분의 이름으로 사탄을 쫓아 버릴 수 있게 하셨다. 그래서 예수님은 "사탄이 하늘로부터 번개같이 떨어지는 것을 내가 보았노라"눅 10:18고 말씀하셨다.

나는 겟세마네 동산에서 일어난 일과 그곳에서 예수 그리스도가 겪으신 일을 '겟세마네의 슬픔'이라고 말한다. 그 이유는 우리 주님이 "이제는 너희 때요 어둠의 권세로다"눅 22:53라고 하실 만큼 그 당시 사탄의 공격이 극심했기 때문이다. 심지어 예수님은 "이 세상의 임금이 오겠음이라"요 14:30고 말씀하셨다. 그러니 얼마나 힘든 투쟁이었을까? 사탄은 그분을 위대한 희생의 완성에서 끌어내리려고 안간힘을 썼다. 그래서 사탄과의 영적 싸움에서 흘리신 주님의 땀방울이 위대한 핏방울이 되어 온 땅에 흐를 때까지 예수님은 고통스러운 대가를 지불하셔야 했다. 그리고 그 후에 승리자 되신 예수님과 사탄의 마지막 전쟁이 시작되었고, 그분은 뱀의 머리를 부수어 버리셨다. 예수님은 정사와 권세들을 무찌르셨고, 그 일을 멈추지 않으셨다.

이제 어둠의 시간이 지나고

그리스도께서 자신의 통치권을 회복하셨도다.

보라, 저 악랄한 참소자가 쫓겨나고

더 이상 군림할 수 없는 자리로 내려갔도다.

영광의 우리 주님이 치르신 전투는 그분의 후손들에게도 지속된다. 그러므로 우리는 십자가에서 죽으신 그리스도의 사랑과 성경 말씀을 다른 이들에게도 선포함으로 지옥의 문을 흔들어야 한다. 우리가 성령의 능력으로 죄인들을 예수님께 인도하는 것은 회심자들을 사탄의 성벽에서 떼어내는 것과 같다. 그렇다! 이렇게 하여 사탄이 모든 곳에서 정복당할 것이며, 요한이 계시록을 통해 했던 예언들은 모두 성취될 것이다! "큰 용이 내쫓기니 옛 뱀 곧 마귀라고도 하고 사탄이라고도 하며 온 천하를 꾀는 자라 그가 땅으로 내쫓기니 그의 사자들도 그와 함께 내쫓기니라 내가 또 들으니 하늘에 큰 음성이 있어 이르되 이제 우리 하나님의 구원과 능력과 나라와 또 그의 그리스도의 권세가 나타났으니 우리 형제들을 참소하던 자 곧 우리 하나님 앞에서 밤낮 참소하던 자가 쫓겨났고"계 12:9-10.

우리는 창세기 3장 15절 말씀을 통해 여자의 후손이 승리자가 되실 것이라는 약속과, 그분이 영원한 승리자로서 이 땅에 오실 것을 알게 되었다. 용은 이 사실을 알고 화가 나서 예수 그리스도의 언약을 지키는 여자의 후손들에게 계속해서 싸움을 걸어올 것이다. 그러나 그 전쟁은 주님의 전쟁이기에 의로움으로 심판하며 전쟁하시는 분, 곧 충성되고 진실하신 예수 그리스도께로 승리가 돌아갈 것이다!

창세기 3장 15절을 통해 알 수 있는 사실 3
예수님의 발꿈치가 상할 것이다

우리가 알 수 있는 세 번째 사실은, 예수님의 발꿈치가 상하게 될 것이라는 점이다. 우리는 이미 예수님이 이 땅에 계시는 동안 그분의 가장 낮은 부분, 즉 그분의 인성이 계속해서 고통당하셨음을 잘 알고 있다. 이러한 상처는 그분의 몸과 마음 모두가 아픔을 겪을 때 생겨났다. 그분의 영혼이 극도로 슬픔에 잠겨 죽음의 문턱에 이르렀을 때, 그분의 대적이 그분의 손과 발을 찌를 때, 그분이 온갖 고난과 함께 십자가에 달려 죽음의 고통을 견뎌 내셔야 할 때 말이다. 이제 피와 먼지로 얼룩진 십자가 위에 계신 우리의 주인이자 왕 되신 예수 그리스도를 바라보자. 잔혹하게 상처 입은 그분의 발꿈치가 보이는가?

아리마대 요셉은 그분의 보배로운 몸을 십자가에서 내려 세마포로 감싼 뒤 무덤에 그분을 모셨다. 그리고 그는 그분의 신성이 거하셨던 그 육체를 다루며 몹시 슬퍼했다눅 23:50-55. 이렇게 사탄은 그분의 발꿈치를 상하게 했다. 물론 하나님이 그리스도의 발꿈치가 상하는 것을 허락하셨으나 단순히 하나님의 허락만으로 그분이 상하신 것은 아니었다. 사탄 역시 자신의 도구인 헤롯, 빌라도, 가야바, 유대인들 그리고 로마인들을 불러 모아 그리스도이신 그분을 공격했다. 결국 그분은 옛 뱀에 의해 상함을 입으신 것이다.

그러나 뱀이 할 수 있는 일은 그게 전부였다! 오직 그분의 발꿈치만 상했을 뿐, 그분의 머리는 상하지 않았다. 그리고 그 상함은 치명적인 것도, 지속적인 것도 아니었다. 비록 그분은 죽으셨으나 그분이 무덤 안에 계신 시간은 아주 잠깐이었기에, 그분의 거룩한 몸은 썩지 않았다. 오히려 그분은 하루 종일 고된 노동을 한 후에 깊은 수면을 취하고 일어난 사람처럼 완전하고도 사랑스러운 사람의 몸으로 부활하셨다. 이 얼마나 가슴 벅차고 승리에 찬 순간인가!

야곱이 하나님의 천사와 씨름할 때 환도뼈가 상했을 뿐

인창 32:24-25 것처럼, 예수님도 그분의 발꿈치에 작은 상처만 입었을 뿐 자신의 영광과 아름다움이라는 천상적 가치를 그대로 유지하셨다. 보좌 앞에서 그분은 죽임을 당한 어린양처럼 보이나, 실제로는 영원한 생명의 능력으로 하나님을 향해 살아 계셨던 것이다!

창세기 3장 15절을 통해 알 수 있는 사실 4
그분이 뱀의 머리를 상하게 하실 것이다

우리가 알 수 있는 네 번째 사실은 예수님은 발꿈치를 상하셨으나 다시 뱀의 머리를 상하게 하신다는 것이다. 이것은 뱀이 예수님의 발꿈치에 작은 상처를 입혔으나, 바로 그 순간 승리자 되신 예수님이 치명적인 공격을 가하신다는 의미이다. 그리스도는 자신의 고통으로 사탄을 정복하셨다. 상한 뒤꿈치로 사탄의 머리를 짓밟아 버리신 것이다.

오, 그분께서 지옥의 아들들에 의해 죽임을 당하셨다.
하지만 그분이 하늘과 땅 사이에 매달려 계실 때,
그분은 그 지옥의 아들들에게 치명타를 날리셨다.

그래서 그 권세들을 짓밟고 승리하셨도다.

믿음의 형제자매들이여, 내가 하고 싶은 말은 하나님이 그렇게 하셨다는 것이다. 물론 사탄은 지금까지 회심을 한 적도 없으며, 앞으로도 회심하지도 않을 것이며, 그의 악한 마음과 악한 생각들을 포기하지 않을 것이다. 그러나 그리스도는 그 사탄의 머리를 심하게 공격하심으로써 사탄이 목표했던 모든 것을 잃어버리게 하셨다.

사탄은 인류를 자신의 권력 아래 무릎 꿇게 만들려고 했다. 그러나 사람들은 사탄의 굴레로부터 해방되었다. 하나님이 그들 중 많은 이들을 구원하셨으며, 사탄의 끈적끈적한 시험으로부터 온 세상이 깨끗하게 되는 날이 오면, 온 세상은 하나님에 대한 찬양으로 가득 차게 될 것이다. 사탄은 이 세상이 하나님과 그분의 선하심을 정복할 수 있는 자신의 영역이 될 거라고 생각했을 것이다. 그러나 이 세상은 하나님의 지혜, 사랑, 은혜 그리고 그분의 능력이 펼쳐지는 무대이다. 심지어 천국도 하나님의 자비로 가득찬 이 땅만큼 눈부시게 빛나지는 않을 것이다. 왜냐하면 저 하늘 위에 있는 낙원의 정원에서도 감당할 수 없는 구원자 예수님의 피가 바로 이 땅에 뿌려졌기 때문이다.

또한 사탄은 자신이 우리 인류를 교란시켜서 죽음으로 끌고 간다면, 효과적으로 주님의 사역을 망칠 수 있을 거라 생각했다. 그는 사람들이 차가운 죽음의 문 아래로 지나가게 되면 사람들의 몸이 그 무덤 아래에서 썩을 줄 알고 기뻐했다. 하지만 사탄은 하나님이 손수 만드신 위대한 작품인 우리들을 마음대로 할 수 없었다. 하나님은 사람의 몸에 혈관과 피, 신경, 힘줄과 근육을 만드신 후 그 코에 생기를 집어넣으심으로써 신묘막측한 피조물로 만드셨다. 그런데 사탄은 이렇게 말한다. "나는 사람이 원래 취하여졌던 흙으로 돌아가도록 그에게 독을 주입했다." 그렇지만 사탄의 노력은 모두 실패로 돌아갔다. 우리의 승리자 되신 예수님을 보라! 비록 그분의 발꿈치는 상했으나 죽음에서 부활하심으로, 그분을 따르는 사람들도 사망에서 부활할 수 있다는 약속을 주셨다! 하나님은 죽음이 여자의 후손으로 태어난 그 어떤 사람의 뼈 하나, 아주 작은 부분에도 침투하지 못하도록 만드셨다. 그러므로 대천사장의 나팔 소리가 울릴 때, 땅과 바다로부터 그리스도의 사람들이 일어나 다음과 같이 소리칠 것이다. "사망아 너의 승리가 어디 있느냐 사망아 네가 쏘는 것이 어디 있느냐"고전 15:55.

사탄은 예수님의 부활로 자신이 승리하지 못할 것을 이

미 알고 있기에 그의 머리는 이미 부서진 것이다. 나는 바로 이 사실을 믿으며 하나님과 예수 그리스도께 모든 영광을 돌리고자 한다. 사탄은 이미 우리 주 예수 그리스도께 패배했으며, 그는 머지않아 불 못으로 던져질 것이다!

우리가 경험한 것들

우리는 이미 구원받았으나, 구원받기 전 우리는 진노의 자녀였다. 우리의 부모가 아무리 경건하게 하나님을 믿었다 할지라도, 그분들이 우리를 출산했을 때 우리에게는 영적인 생명이 없었다. 그 이유는 우리가 혈통으로나 육적으로나 사람의 뜻에 의한 약속이 아니라 하나님으로부터 태어나는 사람들에게 주어지는 약속에 의해 구원을 받기 때문이다. "육으로 난 것은 육이요 영으로 난 것은 영이니"요 3:6 라는 말씀처럼 예수님을 믿지 않으면 그 어떤 방법으로도 구원을 받을 수 없다. 육적인 몸과 육적인 마음에는 죽음만이 있을 뿐이며, 이런 상태로는 절대로 하나님과 화목을 이룰 수 없다.

일단 이 세상에 태어났지만 중생, 즉 거듭남에 대해 아는 바가 전혀 없다면, 우리는 그저 뱀의 후손들과 같이 살고 있는 것이나 다름없다. 왜냐하면 오직 거듭남을 통해서만 우리가 그리스도의 진정한 후손이 될 수 있기 때문이다. 그렇다면 하나님의 부르심을 받아 선택된 사람들인 우리를 하나님이 어떻게 대해 주실까? 그분이 우리를 구원하고자 하신다면, 어떻게 그 일을 마무리 지으실까?

하나님은 긍휼함으로 우리에게 다가오셔서 우리를 뱀과 원수 되게 하셨다. 그리고 바로 이것이 은혜의 첫 번째 역사다. 한때 사탄이 우리를 유혹하고 우리가 그에게 굴복할 때는 우리와 사탄 사이에 평화가 있었다. 그래서 우리는 사탄이 지시하는 대로 따랐다. 자발적으로 사탄의 종노릇을 한 것이다.

그러나 당신은 처음에 느꼈던 불편함이 떠올랐을 것이다. 세상이 주는 쾌락은 결코 오래도록 지속되지 않는다. 마치 과즙은 다 빠져나가고 딱딱한 씨앗만 남은 사과처럼 말이다. 그리고 이내 당신은 죄 가운데 살고 있으며, 이런 삶이 비참하기만 하다는 것을 깨달았을 것이다. 그런 다음 자신이 그 죄를 제거할 수 없음에도 불구하고, 그 죄를 싫어하며 죄 때문에 한숨지었을 것이다. 당신은 마음 깊은 곳으로 더 이상 악의 편에 서지 않겠다며 다음과 같이 울부짖었을 것이다. "오호라 나는 곤고한 사람이로다 이 사망의 몸에서 누가 나를 건져내랴"롬 7:24.

당신은 이미 오래전에 은혜의 언약으로 여자의 후손이 되었고, 이제 그 언약은 당신의 생명 위에 나타나서 당신 안에서 역사할 것이다. 주님이 그분의 무한하신 자비로 그 신적인 생명을 우리의 영혼에 부으셨기 때문이다. 당신은 잘 몰랐겠지만, 천상의 불이 타오르고 있는 그 생명 안에는 영원한 삶과 썩지 않을 씨앗이 있었다. 이제 당신은 죄를 미워하기 시작했고, '조여 오는 굴레' 아래에서 신음하게 되었다. 그 굴레가 점점 더 부담스럽게 짓눌러 올수록 당신은 더더욱 견디기 어려웠고, 그런 상황을 지독히도 미워하게 되었다. 바로 그렇게 죄가 당신과 함께하고 있었다. 하지만 지금은 어떤가? 이제는 당신과 뱀 사이에 적대감이 생기지 않았는가? 이제 당신은 더욱더 사탄을 미워하게 될 것이며, 그가 철 천의 원수임을 인정하고 있을 것이다.

그럴 때 승리자 예수님이 오셨다. 그분이 바로 "너희 안에 계신 그리스도시니 곧 영광의 소망"골 1:27 이시다. 우리는 그분에 대해 들었고, 그분에 관한 진리를 이해했다. 그리고 그분이 우리의 대리인이 되어 나의 죄와 모든 저주 및 징벌을 대신 받으셨다는 것을 알고 있다. 예수님이 자신의 의를 내려놓고, 우리에게 자신을 내어 주심으로 우리를 구원하셨다는 사실은 참으로 놀라운 것이다! 바로 그때 우리는 죄가 정복당하는 것을 보지 않았는가? 우리의 육신이 연약하여 할 수 없는 일을 그리스도가 성취하셨다. 세상에 오셔서 승리를 이루신 그리스도로 인해 우리가 가증스럽게 여기는 죄와 사탄의 권세로 억압되었던 우리의 상태가 철저하게 무너지고 파괴되었다. 우리의 심령이 그리스도를 이해하는 바로 그 순간, 우리는 이 모든 것을 보게 되었다.

그 뒤로 우리는 그리스도의 상한 발꿈치와 그분의 상처 앞에 서서 우리의 대적인 뱀이 그분께 어떤 짓을 했는지 살펴보게 되었다. 당신은 예수님의 상처 난 발꿈치를 보며 어떤 느낌이 떠올랐는가? 바로 그것이 당신을 괴롭혔던 죄가 아니었는가? 죄를 생각만 해도 그것이 당신을 힘들게 하지 않았던가? 당신의 마음이 당신을 고통스럽게 하지 않았던가? 사탄이 당신을 유혹하려고 하지 않았던가? 사탄이 당신 안에 불경스러운 생각을 집어넣으면서 당신을 절망의 끝으로 밀어 버리지 않았던가? 사탄이 하나님의 존재와 그분의 자비, 그리고 당신이 얻은 구원까지도 의심하도록 부추기지 않았던가? 이는 바로 사탄이 당신의 발꿈치를 물어뜯고 있다는 뜻이다.

사탄은 여전히 자신의 오랜 술수를 고수하고 있다. 사탄이 가장 염려하는 대상은 자신이 삼킬 수 없는 사람들이다. 자신이 삼킬 사람이 없다면 더 이상 악한 기쁨을 즐길 수 없기 때문이다. 혹시 친구들이 당신을 괴롭히지는 않는가? 당신이 그들과 다른 태도를 취한다는 이유로 당신을 차갑게 대하지는 않는가? 또한 그들이 당신은 광신도 같다고 욕하며, 편견에 가득 찼다고 비난하지는 않는가? 사실 이 모든 박해는 뱀의 후손이 여자의 후손에게 오래전부터 행해 왔던 전쟁의 방식이다. 그래서 바울은 다음과 같이 말했다. "그러나 그 때에 육체를 따라 난 자가 성령을 따라 난 자를 박해한 것 같이 이제도 그러하도다"갈 4:29.

오늘날 세상 사람들에게 진정한 경건은 부자연스럽고 이상한 것으로 느껴질 것이다. 그러므로 그들은 이 모든 가치를 감당할 수 없다. 이제 더 이상 순교와 고난의 시대가 아니라 할지라도 세상 사람들은 그리스도와 그분의 후손인 우리에게 적대감을 가지고 있다. 그리고 그 적대감은 우리가 감당하기에 벅찬 '심한 모욕의 시험'으로 빈번하게 표출된다.

사탄은 우리에게 모욕감을 안겨 줌으로써 예수님의 발꿈치에 입힌 상처를 우리에게도 입힐 수 있다고 생각한다. 하지만 형제자매들이여, 예수님이 사탄의 머리를 상하게 했으므로, 그분의 후손인 우리 역시 승리자라는 중요한 사실을 알고 있는가? 우리 안에 있는 죄의 능력과 권세는 파괴되었다. 우리는 하나님의 자녀로 태어났기 때문에 더 이상 죄를 지을 수 없다. 한때 당신을 지배했던 죄가 여전히 당신을 괴롭히고 있는가? 나는 신성 모독을 일삼는 한 사람을 보았다. 그런데 그가 회심하고 나서는 같은 문제로 어려움을 겪지 않게 되었다. 내가 알고 있는 알코올중독자 한 사람도 하나님의 은혜로 치유받은 후 매우 놀랍도록 온전한 사람이 되었다. 이 외에 거룩된 삶을 살지 않던 사람들도 구원받은 뒤 정숙하고 순결한 사람이 되었다. 그리스도가 옛 뱀을 박살내심으로써 그들의 공격이 더 이상 사람들에게 영향을 미치지 못하게 하셨기 때문이다.

하나님께 선택받은 사람들도 때로는 죄를 지으며, 그 죄로 인해 슬퍼할 수 있다. 하지만 그렇다고 해서 그들이 죄의 종으로 살아가는 것은 아니다. 그들의 마음은 죄를 따라가지 않는다. 때로는 "선은 행하지 아니하고 도리어 원하지 아니하는 바 악을"롬 7:19 행하고 있음을 고백하겠지만, 그렇다고 해서 비참한 상황에 빠진 것은 아니다. 그들은 마음으로 선하신 하나님의 법을 즐거워하며, 그 법에 순종할 수 있도록 하나님께 도움을 청한다. 선택받은 사람들은 더 이상 죄의 종으로 살아갈 수 없기 때문이다. 이제 뱀의 지배력과 통치는 그들 안에서 파괴되었다.

이처럼 죄의 지배력이 파괴된다면, 우리에게 죄에 대한 책임도 함께 사라진다. 사탄은 우리에게 "너는 죄인이야! 나는 너를 저주 아래로 끌고 왔어."라고 말할 것이다. 그러면 우리는 이렇게 말해야 한다. "아니야. 나는 이미 너의 저주로부터 구원받고 축복속에 살고 있어!" 성경에는 "허물의 사함을 받고 자신의 죄가 가려진 자는 복이 있도다"시 32:1라고 쓰여 있다. 그러므로 우리는 더 이상 죄의 책임 아래 있지 않다. 누구도 우리를 정죄 할 수 없으며 그 누구도 우리를 그리스도의 사랑에서 끊을 수 없다롬 8:35. 이제는 옛 뱀의 머리에서 피가 철철 흐르는 일만 남았을 뿐이다.

사탄은 우리의 약점을 연구하여 여러 가지 덫을 만들고 우리를 유혹한다. 그는 우리 육체의 약함을 잘 알고 있다. 우리는 사탄의 유혹을 철저히 무너뜨려 그에게 영원한 수치를 주었다. 사탄은 욥을 넘어뜨리려 했으나, 결국 이 일로 자신이 얼마나 비천한 존재인지를 깨달았을 것이다. 그가 가진 모든 것을 빼앗았지만 결국 그를 정복할 수 없었다. 욥은 하나님이 자기를 죽이실지라도 그분께 아뢰겠다고욥 13:15 고백했다. 이를 통해 욥은 승리를 거두었다. 지극히 약한 인간이 바람을 일으키고 집을 날려 버릴 수 있는 사탄을 정복한 것이다.

사탄은 평안히 저녁 식사를 하고 있던 한 가정을 무너뜨렸다. 이처럼 공중 권세를 잡은 임금이었다. 그러나 악성 피부병에 걸린 몸으로 거름더미에 앉아 있던 욥은 여자의 후손에게 주어진 내적 생명의 힘으로 사탄에게 승리를 거두었다.

> 하나님의 아들들아,
> 사탄의 분노에 맞서 저항하라.
> 그러면 사탄이 떠나갈 것이다!
> 그렇게 우리의 사랑하는 주님이 역사하셔서
> 홀로 승리를 거두시리라!

우리에게는 우리 안에 있는 죄의 근본이 파괴될 것이라는 희망이 있다. 우리는 점도, 티도, 흠도 없이, 첫 인류의 타락과 사탄의 음모로부터 기인된 그 어떤 고통과 상처도 없이 하나님의 보좌 앞에 서게 될 것이다. 왜냐하면 성경이 우리에게 "흠이 없는 자들이더라"계 14:5 고 말하고 있기 때문이다.

얼마나 대단한 승리인가? "평강의 하나님께서 속히 사탄을 너희 발 아래에서 상하게 하시리라"롬 16:2 는 말씀처럼 하나님이 우리를 죄 가운데 온전케 하시고 자유케 하실 것이다. 바로 그때 우리는 뱀의 머리를 상하게 할 것이다! 그리고 이제 막 목욕을 마친 사람처럼 향을 풍기며 하나님의 형상을 한 채로 부활하는 우리의 모습을 사탄이 보게 될 것이다. 또한 그는 썩은 것과 약한 것을 심던 그 육체가 썩지 아니할 것과 강한 것으로 다시 살아나는 것을 보게 될 것이다고전 15:42-43. 이를 본 사탄은 무한한 원통함을 느낄 것이며, 자신의 머리가 여자의 후손에 의해 상하게 되었음을 깨달을 것이다.

내가 덧붙여 말하고자 하는 것은, 우리가 반복적으로 사탄의 머리를 상하게 함으로써 구원받은 우리의 영혼을 유익하게 해야 한다는 것이다. 사랑하는 형제자매들이여, 우리가 가난한 아이들이 있는 곳으로 가서 하나님의 은혜라는 도구를 사용하여 그들을 구원해 낸다면, 방황하는 아이들을 살아 계신 하나님의 자녀로 만드는 것이며 옛 뱀의 머리에 심한 상처를 주는 것이다. 나는 당신이 행여나 사탄을 불쌍히 여기지 않도록 기도한다.

우리는 복음을 전함으로써 죄인들이 자신의 잘못된 삶을 버리고 하나님께 돌이키도록 해야 한다. 그들을 어둠의 권세자로부터 탈출시키는 것은 우리가 다시 한번 뱀의 머리를 상하게 하는 것과 같다. 이 세상에서 의와 진리를 일으키기 위하여 어떤 모습으로든 베푸는 삶을 살 때마다 우리는 사탄의 머리를 공격하는 것이다. 비록 사탄이 우리의 발꿈치를 물어뜯는 고통을 견뎌 내야 하지만, 이는 사실 우리가 사탄의 머리를 짓밟고 있다는 증거이다. 또한 이 모든 구원과 승리의 과정 속에서 우리가 승리하고 있으며, 하나님의 약속이 진실하다는 증거이기도 하다.

> 네가 사자와 독사를 밟으며 젊은 사자와 뱀을 발로 누르리로다 하나님이 이르시되 그가 나를 사랑한즉 내가 그를 건지리라 그가 내 이름을 안즉 내가 그를 높이리라 시편 91:13-14.

우리에게 주신 위로의 말씀

나는 우리가 오늘 읽은 이 말씀대로 행함으로 위로를 받게 될 거라고 생각한다. 또한 이 말씀은 아담에게도 큰 위로가 되었을 것이다. 아담은 하나님의 말씀을 듣고 믿음으로 행동했다. 그 증거는 "아담이 그의 아내의 이름을 하와라 불렀으니 그는 모든 산 자의 어머니가 됨이더라"창 3:20는 말씀 안에 있다. 비록 그 당시 하와가 아직 어머니가 되지는 않았지만, 아담은 하나님이 약속하신 여자의 후손이 그녀에게서 날 것을 믿었기에 그녀에게 하와 즉 생명이라는 이름을 지어 주었을 것이다. 아담은 이를 통하여 하나님의 약속에 대한 확신을 분명하게 드러내었다. 아담이 죄를 지었을 때 그는 하나님의 임재 앞에서 두려움에 떨었을 것이다. 그런 상황에서 그가 할 수 있는 말은 시편 기자가 남긴 것처럼 "내 육체가 주를 두려워함으로 떨며 내가 또 주의 심판을 두려워하나이다"시 119:120 정도였을 것이다. 그러나 바로 그때 아담은 자신의 옆에서 함께 두려움에 떨고 있는 하와에게로 몸을 돌렸고, 그녀에게 '생명의 어머니'라는 뜻의 이름을 붙여 주었다. 아직 그런 이름에 어울리지도 않은 아내에게 말이다. 또한 하나님의 약속에 대한 믿음은 아담 자신에게도 희망을 주었다.

아담은 황폐한 땅에서 고생해야 하는 저주를 받았지만 한마디 불평도 하지 않았다. 또 하와가 해산의 고통을 감내하게 된 것에 대해서도 마찬가지였다. 두 사람의 침묵은 하나님이 그들에게 내리신 저주를 당연하게 받아들인다는 것을 의미한다. 그들이 했던 말은 오직 하나님의 약속에 대한 믿음의 확신뿐이었다. 비록 그 당시 그들에게는 소망을 둘 자녀도 태어나지 않았고, 오랜 세월이 지나도록 하나님이 말씀하신 여자의 후손, 즉 예수 그리스도 역시 나타나지 않았지만, 하와는 모든 생명의 어머니가 되었고 아담은 그녀를 그렇게 불렀다.

형제자매들이여, 하나님이 우리에게 주신 매우 광대한 계시에 따라 믿음으로 행하라! 언제나 그 계시로부터 오는 최상의 위로를 얻으라! 하나님께로부터 약속을 받을 때마다 그 약속에서 얻을 수 있는 모든 것을 확실하게 받으라. 만약 당신이 이와 같이 행한다면, 당신은 놀라운 위로를 얻게 될 것이다. 어떤 사람은 하나님의 말씀으로부터 가능하면 적은 것을 얻으려고 한다. 이런 태도는 모든 것을 최소한의 의미로 축소해서 받아들이는 이 세상의 방식에 타당한 것이다. 하지만 하나님의 말씀은 '최대한'의 의미로 받아들여야 한다. 왜냐하면 하나님은 우리가 구하거나 생각하는 모든 것에 더 넘치도록엡 3:20 채워 주시는 분이시기 때문이다!

아울러 우리가 그리스도의 의를 우리의 것으로 받아들

인다면, 그것이 바로 사탄을 지옥 불에 던져 넣는 출발점이 될 것이다. 창세기 3장 21절을 보면 "여호와 하나님이 아담과 그의 아내를 위하여 가죽옷을 지어 입히시니라"고 쓰여 있다. 얼마나 사려 깊고, 감동적인, 그리고 위대한 사랑의 표현인가! 하나님은 아담이 하와에게 한 말을 들으셨다. 그래서 아담에게 다가가 그에게 완전한 의의 모형을 주셨다. 이것이 바로 하나님이 아담에게 주신 영원한 의복이자 성도가 받게 될 유업이다. 아담과 하와가 입은 가죽옷은 조롱거리 정도의 무화과나무 잎이 아니라 희생 제물의 죽음을 통해 만들어진, 그들에게 딱 맞는 의복이었다.

주님이 가죽옷을 가져와 입혀 주심으로 아담은 더 이상 "내가 벌거벗었습니다."라고 말하지 않게 되었다. 그는 이제 새 옷을 입었기 때문이다! 사랑하는 이들이여, 이제 우리는 우리 주님이 사탄에게 승리하심을 통하여 우리에게 주신 약속을 받아들이고 이로써 기뻐하자! 그리스도께서는 우리의 눈을 열어 우리가 벗었다는 것을 알게 한 뱀의 권세로부터 우리를 구원하시고, 우리의 머리부터 발끝까지 의로움으로 덮으셨다. 그분은 이렇게 우리를 아름답게 하시고 보호해 주심으로 우리 마음에 평안을 주셨으며, 더 이상 수치를 당하지 않게 하셨다.

나는 그리스도를 따르려고 하지만 쉽게 공격받고 상처받는 이들에게 위로를 주고 싶다. 만약 당신이 참된 그리스도인으로 살려고 하다가 고난을 당하게 되었다면 그것으로 인해 힘을 내기 바란다! 후회하거나 두려워할 필요가 없다. 오히려 그런 날이 온다면 기뻐하고 즐거워하자. 이러한 상황이야말로 당신이 하나님의 언약 안에 있다는 분명한 증거이다. 여자의 후손과 뱀의 후손은 여전히 적대적인 관계 속에 있다. 그런데도 이 적대적인 상황에서 일어나는 각종 고난들을 전혀 경험하지 않는다면 당신은 오히려 잘못된 자리에 서 있는 것이 아닌지 스스로 생각해 봐야 한다.

이제 당신이 조롱과 핍박 아래에 있음을 기뻐하고 환호하라. 이것이야말로 당신이 여자의 후손과 동반자가 되어 가고 있다는 증거이다! 그리고 이에 덧붙여 한 가지 더 위로의 말을 전하자면, 그리스도인으로서 당신이 당하는 고통은 당신 자신 때문에 온 것이 아니다. 당신이 위대한 여자의 후손과 동반자이기 때문이다. 사탄이 당신에게 대단한 관심을 가졌다고 오해해서는 안 된다. 사탄이 고통을 주는 것은 당신이 아니라 당신 안에 있는 그리스도와 전쟁을 하기 위해서이다. 그러므로 만약 당신이 그리스도 안에 있지 않다면, 사탄은 당신에게 어떠한 고통도 주지 않을 것이다.

만약 당신이 그리스도 없이 이 세상을 살아간다면, 당신은 좋아하는 것을 따라 죄짓는 삶을 즐길 것이다. 그리고 당신의 친척이나 친구들은 그런 당신의 모습을 보고 슬퍼하기보다는 당신과 함께 죄악 된 삶을 즐기며 살아갈 것이다. 하지만 지금은 뱀의 후손이 당신 안에 있는 그리스도를 미워하고 있다. 그래서 당신이 일상적인 것보다 더 큰 고난과 고통을 겪는 것이다.

나는 메리 여왕 시절, 종교 박해로 인해 사형 선고를 받은 한 여인의 이야기를 알고 있다. 그녀는 화형당하기 직전에 아이를 낳은 뒤 슬프게 울었다고 한다. 그녀 옆에 있던 사악한 대적자는 "당신은 죽는 것이 두려워 이렇게 소동을 피우는데, 어떻게 당신이 자신의 신앙을 지키기 위해 죽는다고 말할 수 있는가?"라고 말했다. 그러자 그녀는 이렇게 대답했다. "나는 지금 내 안에 있는 여자라는 정체성 때문에 고통스럽습니다. 하지만 내 안에 계신 그리스도로 인해서는 두렵지도, 고통스럽지도 않습니다."

그녀의 말은 헛된 것이 아니었다. 왜냐하면 그녀는 다른 이들이 흠모할 만한 인내심을 가지고 순교를 감당했으며, 거룩한 승리 속에서 불 마차를 타고 하늘로 올라갔기 때문이다. 만약 그리스도가 당신 안에 계시다면 그 무엇도 당신을 낙망시킬 수 없을 것이다. 오히려 당신은 세상과 육체, 그리고 사탄을 믿음으로 이겨 내게 될 것이다.

　마지막으로, 우리는 항상 사탄의 머리가 이미 부서졌다는 믿음을 가지고 사탄을 대적해야 한다. 나는 루터가 사탄을 조롱한 방식, 즉 사탄이 유혹해 왔을 때 사탄에게 잉크병을 던지며 하나님의 말씀으로 그를 공격한 것이 아주 좋은 방법이었다고 생각한다. 왜냐하면 사탄은 그런 수치와 비난을 받아 마땅한 존재이기 때문이다. 물론 사탄에게 잉크병을 던진 행위 자체만 보면 어리석은 것처럼 느껴질 수 있으나, 그런 행동은 그가 어떻게 위대한 개혁자의 진정한 표본으로 한평생을 살아갈 수 있었는지 보여 준다.

　그가 남긴 책들은 진정으로 사탄의 머리를 향해 잉크병을 날린 것이었다. 그리고 바로 이것이 우리가 해야 할 일이기도 하다. 이 말은 우리도 모든 수단과 방법을 동원하여 사탄을 대적해야 한다는 것이다. 형제자매들이여, 우리도 루터가 했던 것처럼 담대하게 사탄을 대적하자. 사탄의 면전에 대고 우리는 이제 더 이상 그를 두려워하지 않는다고 말하자.

　우리는 날마다 사탄이 자신의 머리가 상한 것을 떠올릴 수 있도록 해야 한다. 사탄은 그런 상태를 감추고자 교만의 관을 쓰거나 종교적, 혹은 무신론적 학위의 모자를 쓰고 우리 앞에 나타날 것이다. 하지만 우리는 이미 그의 머리에 치명적인 상처가 있음을 알고 있다.

이제 사탄의 권세는 끝이 났다. 그는 이미 패배했으나, 여전히 자신과 상대가 되지 않는 전능자와 싸우고 있는 것이다. 그가 지금 하고 있는 것은 성부 하나님의 맹세를 거스르고, 성육신하신 성자 하나님의 피를 거스르는 것이다. 사탄은 감히 영원한 능력자이자, 성령의 머리가 되시는 하나님, 그리고 여자의 후손을 지키기 위해 연합된 모든 것들을 향해 울부짖고 있다. 그러므로 형제자매들이여, 믿음 안에 굳게 서서 하나님께 영광을 돌리며 악한 자, 사탄을 끊임없이 대적하라!

불멸의 어린양, 주님의 보혈로
주님의 군대는 유혹자를 짓밟으시네!
주님의 말씀과 권능의 이름으로
전쟁을 이기시고 명예를 얻으시네.
하늘아 기뻐하라,
모든 별들아 하늘 가득 새 영광을 비추라!

성도들이여, 하늘의 전쟁을 노래함으로 우리 구원자 예수 그리스도의 이름을 높이 올려 드리자! 아멘!

승리가 보장된 싸움

초판 1쇄 발행 2014년 4월 16일
개정판 1쇄 발행 2023년 5월 15일

지은이 찰스 스펄전
옮긴이 강산

펴낸이 김태희
펴낸곳 터치북스

출판등록 2017년 8월 21일(제 2020-000174호)
주소 경기도 고양시 덕양구 통일로 800, 2층(관산동)
전화 031-963-5664 **팩스** 031-962-5664
이메일 1262531@hanmail.net

ISBN 979-11-85098-54-8

책값은 표지에 있습니다.
잘못 만들어진 책은 구입한 곳에서 바꿔 드립니다.